即断力

[日]小关尚纪 著

李佳霖 译

图书在版编目（CIP）数据

即断力 /（日）小关尚纪著；李佳霖译 . —北京：北京联合出版公司，2021.12
 ISBN 978-7-5596-5656-8

Ⅰ.①即… Ⅱ.①小…②李… Ⅲ.①决策学—通俗读物 Ⅳ.① C934-49

中国版本图书馆 CIP 数据核字（2021）第 216831 号

"SOKUHANDAN"SURU HITO WA, NAZE SEIKO SURU NO KA?
BY NAOKI KOSEKI
Copyright © NAOKI KOSEKI, 2015
Original Japanese edition published by SUNMARK Publishing, Inc.,Tokyo
All rights reserved.
Chinese (in Simplified character only) translation copyright © 2020 by Beijing Adagio Culture Co., Ltd.
Chinese (in Simplified character only) translation rights arranged with Sunmark Publishing, Inc.,Tokyo through Bardon-Chinese Media Agency, Taipei.

北京市版权局著作权合同登记 图字：01-2021-5968 号

即断力

作　　者：[日] 小关尚纪
译　　者：李佳霖
出 品 人：赵红仕
选题统筹：邵　军
产品经理：张志元
责任编辑：郭佳佳
封面设计：周含雪

北京联合出版公司出版
（北京市西城区德外大街 83 号楼 9 层　100088）
北京联合天畅文化传播公司发行
北京旺都印务有限公司印刷　新华书店经销
字数 180 千字　880 毫米 ×1230 毫米　1/32　6.5 印张
2021 年 12 月第 1 版　2021 年 12 月第 1 次印刷
ISBN 978-7-5596-5656-8
定价：45.00 元

未经许可，不得以任何方式复制或抄袭本书部分或全部内容
版权所有，侵权必究
本书若有质量问题，请与本公司图书销售中心联系调换。电话：（010）64258472-800

序言

"你是否曾经在烤肉店把肉烤焦过?"

想必你一定曾经和朋友、家人或同事一起去烤肉店吃过饭。想必你也曾因为忘情于热络的对话,而把肉烤焦过。我很喜欢吃烤肉,以前也常常不小心把肉烤得焦黑。

话说回来,我之所以开篇就说起烤肉,是因为这种每个人都不陌生的烤肉经历,其实隐藏着足以改变你我人生的重要信息。具体来说,这正是本书的主题,本书所要探究的就是被许多人所误解的"判断力"的重要核心。

我们对于自身所做的判断,究竟能意识到多少呢?

或许,根本就没有人能"清楚意识"到自身所做的每一个判断。

但是,无论是工作还是生活,我们绝大多数人的烦恼都因为判断力的影响而或大或小。同时，工作上或生活中的"回报"，也都在很大程度上取决于判断力。

"工作表现老是不如意。"

"搞不清楚自己究竟适不适合现在这份工作。"

类似的烦恼不胜枚举。

然而，绝对不能误解的是，这样的烦恼绝非起因于与生俱来的"能力"或"性格"，而是在于面对不同场合，我们能否逐一做出最正确的判断。如果不能做出正确的判断，久而久之，就会给我们造成"工作跟自己想象得不一样""自己总是在原地踏步"等困扰，这才是"烦恼"的原因。

我们在日常生活中每天都在不断地反复做判断。

即便每次的判断所带来的影响不大，但每次的判断究竟是"适当的判断"还是"不适当的判断"，都会随着时间的推移积沙成塔，并导致相当大的差异，等到醒悟过来时，承担苦果的就是自己。

这听起来有些吓人，但实际上不必想得太困难。每个人都有能力做出"适当的判断"，因为这是一项极简单的

序言

作业。只要能够完成这项简单的作业，烦恼就会一一迎刃而解，不管是工作还是生活都会变得更加充实。

不过在此之前，有必要理清另一项"误解"。也就是说，做判断时最重要的并非"不犯错"。

"奇怪，正确的判断不重要吗？"你或许会这么想。若是你有这种想法，那么这种先入为主的观念正是最大的误解。因为，做判断时重要的并非"正确性"，而是"速度"。当然"正确"是至高无上的标准，但是为了做正确的判断而浪费时间的话就不具有任何意义。

让我来更明确地说明吧。

自古以来，"速度"就不是判断力的条件之一。在过往的时代，确实可以说"正确性"比"速度"更加重要。

因为当社会处于"快速增长"的时代时，"不失败＝成长"，回避风险的选择就是最佳选择。一个失败就足以左右公司的命运。

但是，现今进入了"低速增长"的时代，"不失败＝成长"已不适用。创新以及拿出成绩才是成长，回避风险这件事已经不具有价值。

也因此，能"将回报最大化"的决策才是最佳判断，所以即便冒险也必须迅速做出判断。

这种将速度放在"第一顺位"的判断，我称之为"实时判断"，这也是身处现代社会所必须拥有的职场能力。

当下活跃于职场第一线的人物，大多是因为认识到承担风险的重要性大于回避风险而获得成功的。

让我转换一下话题，你应该还记得开篇所提到的"烤肉"吧？

烤肉与判断力有着密切的关系，是具有代表性的例子之一——过去曾有一段时间，企业在招募人才时会采纳"烤肉面试"。如其名所示，就是在烤肉的情境下面试，以判断是否录用面试者。

为什么烤肉可以拿来当作面试题？那是因为判断力——特别是具备速度的判断力——会在烤肉时如实展现。想要不浪费多余的力气，同时又在绝妙的时机烤出美味的肉，就必须在一定时间内把肉放上烤网。即使有风险，也要一边烤肉一边进行分配。

当然，这样的面试也有观察面试者的用心和细心等品质的意味。烤好的肉和待烤的肉之间的数量平衡、要先烤哪一片肉、要把肉分配给谁等，面试官就这样一边评比，一边观察受试者是否具备"实时判断"的能力。

让我再重申一次,进行"实时判断"时,速度比正确性更重要。同时,若是能提升速度的话,你的判断力也会越来越强。

比起追求正确性,追求速度要简单多了。

话虽如此,但也不意味着可以胡乱做"实时判断"。做判断时尽管速度重要,一定程度的正确性也很有必要。

那么究竟要如何才能像精英人士一般,在适度的风险中提升判断的速度呢?

答案在于善用"决策工具"。

能够面对困难决策的人,不见得都会把事情想得很复杂。他们只不过是使用了"决策工具"这种简单的思考工具,来帮助提升判断的速度而已。

虽然名为工具,但你需要学会的只有以下四件事:

　　1. 权衡取舍。

　　2. 画树状图。

　　3. 分析归纳。

　　4. 博弈论。

只要学会运用这四项工具，你就能提升判断速度。再复杂的事情也能在脑中轻松整理，并同时维持决策的正确性。

学会活用"决策工具"后，在往后的人生中你将能更加快速且正确地做出判断。

我希望读者们能尽早了解到，每一个判断都会对造就自己的人生有所影响。

回避失败的行动不具备任何价值。虽然失败了，但能带来创新的行动才具有价值。

希望读者们能学会使用决策工具，成为具有价值的"勇敢决策者"。光是如此，你就能够做出"幸福的判断"，走向成功与幸福。

请务必在本书中亲身感受，并且试着实践。在此向各位保证，你的人生必定会渐入佳境。

目录

第一章

愿意承担风险的人反而不会失败

采取"避免失败的行动"才会失败 …… 003

选择越多,越能简单达成"实时判断" …… 007

风险分为"去做的风险"和"不去做的风险"两种 …… 012

判断速度的快慢决定利益的多寡 …… 016

一切都用"决策四象限"来思考 …… 019

职业棒球选秀中"第一顺位落选的选手"为何特别重要? …… 023

不管决策是否让你苦恼,都要使用"决策工具" …… 026

学会"比较"基础的四项技巧 …… 029

向人气漫画《孤独的美食家》学习比较技巧 …… 040

第二章

比起"要保留什么",更重要的是"该割舍什么"

电子邮件应该在收到时马上回,还是晚点回?⋯⋯ 047

因为"割舍的勇气"而成功的廉价航空公司 ⋯⋯ 052

租房是"权衡取舍"的极致应用 ⋯⋯ 056

反复进行二选一,答案就会自然浮现 ⋯⋯ 059

美女摄影师变身非洲裸体族?! ⋯⋯ 064

犹豫不决时,务必选择知道"如何派上用场"的那一方 ⋯⋯ 067

第三章

画树状图找出最短途径

选择再多也没关系,只要画"树状图"就不再彷徨 ⋯⋯ 073

你如何决定出国旅行的第一餐? ⋯⋯ 076

能快速做判断的人挽救速度也快 ⋯⋯ 080

想要解决问题,只需要三个步骤 ⋯⋯ 084

能讨女朋友欢心的选礼物方法 ⋯⋯ 089

究竟是该"换工作"还是该"转调部门"？…… 095

新潟天鹅进军新加坡…… 098

实现"双向极端"可能性的全球策略…… 103

投资企业的"未来"…… 106

第四章

分析归纳，让目标明确化

猎祭高人气背后的一大决心…… 111

想在竞争中脱颖而出，就得靠自己归纳出决胜关键点…… 116

忘年会是一场"高风险、高回报"之战?!…… 122

只要确立纵轴和横轴，答案就会立即清晰浮现…… 126

做一个"勇敢的决策者"…… 131

越早锁定工作的专业性，成果越大…… 133

将决策工具"合体"，加快解决问题的速度…… 136

为什么那所大学的报考人数居全日本之冠？…… 139

越是花时间去烦恼，问题就会变得越复杂…… 143

第五章

在与竞争对手的"过招"间胜出

大型连锁牛丼店的削价竞争是这样来的 …… 147

一味追求利益反而吃亏的吊诡博弈论 …… 151

过招会影响决策速度,并带来天壤之别的结果 …… 156

比起追求"最大的利益",高手更看重"一定的利益" …… 159

不要想着赢,要想着不能输 …… 162

第六章

建立"实时判断"的日常生活习惯

快速决定每天午餐吃什么 …… 169

彻底重读"历史教科书" …… 173

养成"将日常生活进行因数分解"的习惯 …… 178

单独前往人生地不熟的地方旅行 …… 182

让身旁的人认为你是货真价实的"信息站" …… 185

针对真正有价值的信息做"有偿投资" …… 188

成为他人眼中的"指挥" …… 191

结 语 …… 194

第一章

愿意承担风险的人反而不会失败

要成为无可取代的人,
就必须时时与众不同。

——可可·香奈儿

采取"避免失败的行动"才会失败

你是否觉得最近事事不顺？

不知道是什么原因，最近不管做什么事都碰壁。

不对，不应该说是最近，应该说不知道从什么时候开始就这样了。即便去回想也想不起来，感觉不管是职场表现还是生活都事事不顺。总之，这种恼人的状态挥之不去。为什么会这样呢？

有许多人正因为无法在工作上有称心如意的表现、人生遇到瓶颈而烦恼着。但是就算再怎么烦恼，也找不出任何打破现状的方法，每天过着一成不变的生活。

这种心情我能感同身受。

因为，我过去也是这些人中的一员。但是，某天我突然找到了原因，而就在我找到原因之后，不但工作上的表现开始逐渐变好，日常生活中的烦心事也逐渐能靠自己解决，人生开始发生巨大的变化。

在此，我特意用一个词来概括这个原因，那就是"判断力"。

你可能会认为判断力这种东西稀松平常，曾经的我也无法深刻体会"判断力"在工作上以及人生中所占据的重要地位，所以才不曾"认真"培养判断力。

因为不具备判断力——说得更明白些，就是因为没有意识到判断力的重要性，所以不管是工作还是生活都不顺利，烦恼也源源不断。

其实，判断力是可以培养的。无论是谁，只要用心培养，都能具备"一流的判断力"。

那么，具备一流判断力与不具备这种能力的人之间，究竟有着怎样的差异？

毋庸置疑，他们之间所做的每个判断因为精确度不同，所带来的成果也就大不相同。但在此之前，还存在着另一个更加巨大的差异。

这个差异就在于：具备一流判断力的人，行动时不畏惧失败；不具备一流判断力的人，总是采取避免失败的行动。

这一点在职场上会让人们产生极大的差距。

因为避免失败的行动等同于顾虑周遭评价的行动，会让人在不知不觉中缩小自己的行动范围。

"我花费了精力和时间拼死拼活地工作，但就是得不到主管的赏识。既然如此，从下次开始我就不要花那么多时间了。"

"主管交办这件事给我，但他特别严格，要是搞砸了肯定会被扣分……"

工作时容易这样想东想西。

一般来说，自我评价会高出自身实力25%，他人的评价则是会低于自身实力25%。一旦了解到评价者与被评价者之间有着50%的鸿沟，就会理解产生不满也是极为理所当然的。

如果一直坚持采取避免失败的做法，你就会在不知不觉间失去个人主张，只能处理他人交办的事项，听命行事。如此一来，无论工作还是生活都会陷入停滞状态，当然也就不可能顺心如意。

所谓成长，必须要累积与年龄相呼应的"具体经验"。

选择越多,越能简单达成"实时判断"

我所谓的具体经验指的就是进行决策。

或许有些人对于决策这个词有点陌生,决策的定义是"为达到特定目标,在特定情况下,从多个选项中寻求最佳方案"。

这听起来或许跟判断力大同小异,实际上全然不同。

相较于决策,所谓判断指的是"洞悉事物的真伪、善恶,并据此来汇整思路"。

如果从"找出专属个人的最佳解答"的意义上来看,这两个词的意思相去不远,但决策是追求近乎完美的"正确解答",而判断则是在看不透正确答案的复杂情况下,选择较为正确的选项。我想各位可以这样来区分。

因此可以这么说，一个人不具备决策能力的话，判断的准确度就会下降。

而本书中所定义的"判断力"包括了决策能力。

我在前面提到，事事碰壁的人行动时畏惧失败，更准确地说，是这些人没有在重要的时期做重大判断的经验。

"最近似乎做什么事都不顺"，你或许多少会觉得这句话说的正是自己。但是，这也是无可奈何的，因为社会造就了"难以做决策的环境"。

换句话说，现代社会是一个极度难以做判断的社会。

原因在于以下两点：

1. 选择性激增的社会环境。（外部因素）
2. 对于失败的不安感增加。（内部因素）

有别于几年前，目前社交软件以及应用程序的日益发达，让社会变得信息泛滥，这一点可以说是阻碍决策的最大因素。如果能够轻易取得的信息或应当获取的信息过于泛滥，选择就会增加，这会让人搞不清什么才是最佳的选择。

举例来说，想吃意大利料理时，如果只知道两家店的话，就不会难以抉择。但是，若是手边有一百家餐厅的信息，就会难以判断要去哪家吃。

由此可见，同样是"去吃意大利料理"，选择一旦增加，就会变得难以判断。

选择的增加，不单单只是增加判断的难度而已，除了能带给人最高满意度的"最佳选择"以外，其他选项都会让人觉得是"不对的选择"。如此一来，选择越多，"选错"的概率也就越高，"不安"也就伴随着判断而来。

随着社交软件的普及，人们看到别人似乎做出了"正确的选择"时，就会产生自己也"必须做出正确选择"的焦躁与不安，进而影响最终的判断。

但是在我看来，当今社会信息泛滥、选择过多，恰恰是最容易进行决策、判断的时机。这是因为，只要你肯冒险且稍微提升决策速度的话，就能获得更高的回报。

正因为信息泛滥、具备判断能力的人减少，能够创造新价值的人才会备受重视，他们在这样的时代中也特别容易得到提升。

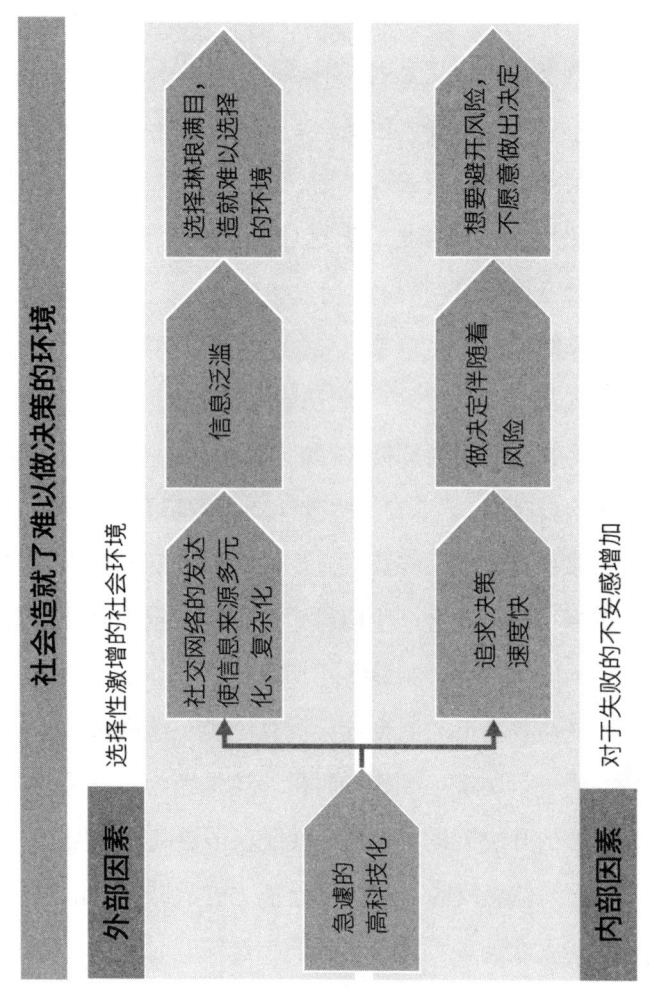

虽说是冒险,其实没有那么困难。想要比别人更快做出判断,达成"实时判断",只需要鼓起勇气。只要比别人稍微快一点点,你就能改变自己的人生。

风险分为"去做的风险"和"不去做的风险"两种

身处现代社会,回避风险不是什么值得赞扬的事。

如今,能够创新的人才有价值,才是时代所需要的。但是,绝大多数人排斥风险,因此做不到这一点,他们总是非得确定百分之百安全后才愿意做判断。

反过来说,成功的经营者绝大多数都是"实时判断"的专家。

最经典的例子就是乐天的三木谷浩史社长。他的经营手段被誉为快速经营,这也恰巧是"实时判断"所造就的。他所信奉的"成功五概念"中的第五项,也就是最后一项是"速度!!速度!!速度!!",让人印象极为深刻。

第一章　愿意承担风险的人反而不会失败

在实时判断的基础上追求速度，也是获得成功的因素之一。

假设现在眼前有两个包，里面各装有一份经营策略，碰到非选择不可的情况时，他肯定丝毫不会犹豫。因为他深知，不知道哪个包里面的经营策略更好时，与其浪费时间犹豫，当机立断尽早做出决定才更有效率。

行事过于谨慎才是风险。

话说回来，风险到底是什么？

风险直译过来就是"危险"[①]。这一点我想大家都知道，只是"什么样的危险"才称得上是风险？相信认知到这一点的人并不多。

然而，对于风险的认知，对决策与判断有着重大的影响，并且会左右我们下一步的行动。

首先希望各位能理解的是：风险可分为两种。

简单来说，就是"做的风险"和"不做的风险"两种。"做的风险"指的是在信息不足的情况下，采取行动所产生的风险。举例来说，你出门去买计算机，即便在第

---

① 日文原文中为外来语"リスク"（risk）。

一家店就碰上了不错的产品，但去下一家店还有可能找到更便宜、性能更佳的产品。看了三家店的话，碰到便宜、高性能产品的可能性就会更高。

如果不考量其他店家的信息，在第一家店就买下计算机的话，所承担的风险便是割舍了其他或许更好的选择。

所谓"不做的风险"指的是不立即判断所带来的风险。虽然在第一家店碰上了不错的产品，但无法当时就做出决定，为了获取更多信息去逛第二家、第三家店的时候，第一家店的产品可能就卖出去了。此时，第二家、第三家店若是没有相同产品，本来难得有机会买下的好产品，却白白拱手送人。因为过于慎重而错失机会，结果只剩下不好的产品。

碰上了机会，在该做决定的时机不做决定的话，所承担的风险是只能从剩余不好的选项当中做出抉择。

换句话说，可以这样归纳：

1."做的风险"——不确认其他的选择就将其割舍的风险。

2."不做的风险"——错过眼前机会的风险。

要不要买超市的食材？要不要买限量出售的罕见商品？去哪一家公司上班？在不同的选择情境下风险比重或许不一，但重要的是，在何种情况下，"不做的风险"都要远远大于"做的风险"。

说得再极端一些，"做的风险"几乎不存在风险，"不做的风险"则是风险极大，这么说一点也不为过。

这样说的理由是，做了决定后所获得的"回报"将比想象中多，拖延决定所获得的回报则比想象中少。

直觉的选择，绝大多数会将你导向正确方向。与事后发现下错棋的可能性比起来，去选择直觉告诉你的正确选项而成功的可能性更高。

判断速度的快慢决定利益的多寡

　　身处难以做决策的社会环境中，跟随大众的脚步行事所能得到的回报正在逐渐缩小。只要稍微敢于与众不同、有所创新的人，就可以获得前所未有的正面评价，也容易取得成功，如今正是这样的一个时代。

　　只要稍稍提升决策速度、比别人多冒一点险，就能获得成功。这个稍微快一点的速度相当重要，希望各位能够认识到，这样做能让你比别人早一步获得何种回报，以及回报的多寡。

　　先声夺人、承担"做的风险"的人，能获得以下的好处：

第一章　愿意承担风险的人反而不会失败

1. 取得唯有先发制人者才能取得的"先行者利益"。
2. 即便失败，也因为时间充裕，可以马上进行挽救。
3. 在信息不充足的情况下进行多次判断后，可以培养出判断力、行动力。

不愿承担"做的风险"而拖延判断的人，会有以下的坏处：

1. 只能享受跟大多数人相同的利益。
2. 若是失败就无计可施，也没有挽救的时间。
3. 因为不愿接受挑战，所以无法积累经验。

害怕风险的人，才会陷入既拿不出成果，也无法受到赏识这种最大的风险中。反倒是积极冒险的人，可以将承担的风险压到最低。

我在本书开头处提到了烤肉，如果大家都不敢下手去动烤网上的最后一块肉，任由它烤焦，就是因为不敢去做

"如何分配最后一块肉"的判断，结果最后谁也吃不成，这样的判断反而风险最大。

在考量风险与回报孰轻孰重时，选择去承担"做的风险"时，尽可能重视判断速度，即达成"实时判断"，将会让你在职场上以及生活中都能收获满满。

只不过"实时判断"不是随随便便能做的。

因为判断状况不一，所获得的回报也千差万别，判断的重要性也会因此有所变化。如此一来，做出判断前所需要花费的时间也会有所不同。

若想做出适当的判断，必须先搞清楚自己应该采取的方法位于"决策四象限"中的哪一个象限，进而采用适当的"决策工具"。

首先，就让我来介绍可以帮你找出决策中"最佳解答"的"决策四象限"，也就是由四个区块所划分出的分类法。

一切都用"决策四象限"来思考

做决策虽然给人一种不简单的印象,但是就连优柔寡断的人也能将要做的决策套入四个象限(四种分类)中,采取合适的方法,然后轻松做出决策。在此就让我针对"决策四象限"来具体说明。

进行决策时所需要考虑的标准只有以下两项:

1. 回报的高低。
2. 是否存在牵制因素。(风险高低)

第一项标准是借由所能获得的回报高低来进行判断。

打个比方来说，午餐不管是要煎汉堡还是炸鸡块，怎么选差别都不会太大。也就是说，这样的决断所能获得的回报不高，不值得花太多时间犹豫。但如果是要决定是跟A公司合作还是跟B公司合作，就会因为选择的不同而改变公司所能获得的商业利润。

顺带一提，此处所提到的"回报"，可以单纯地看作是利益，也可以想成是个人得到的回报。

也因此，即便称不上是实质利益，但像获得上司的赏识或是在公司的声望地位提升等，都能看作是回报。若以蜜月旅行的地点来说，可以置换为"感动的程度"；以约会地点来说，可以将"选这里能讨对方欢心"看作回报。

第二项标准是"牵制因素"。

具体来说，也就是进行决策时是否能由自己掌控：这项决策是以我的决定为优先吗？还是这个决策光凭我个人是无法判断的？进行决策时必须以此作为其中一项思考轴心。

说得极端一点，也就是是否有竞争对手的存在。

假设参与决策的不只一个人，那么可能产生以下几种状况：

第一章　愿意承担风险的人反而不会失败

1. 自身所做的决定无法完全落实到决策上。

2. 与不特定的多个竞争对手之间彼此互相争夺利益。

3. 被特定的竞争对手牵制。

参与决策的当事人一旦超过一个人，就会产生牵制，事先所必须预设的选择可能也会因此大增。

先举第一个例子说明。一对新婚夫妻在决定新家地点时，单凭新郎或新娘其中一方是无法决定的。因为彼此工作地点不同，另外双方所看重的究竟是高质量的居住环境，还是交通的便捷性，这些都必须互相配合讨论。如果是独居的话，一切都能按照个人喜好做决定，牵制因素就比较少，相较之下，要与共度人生的伴侣一起决定新居的"幸福感"，自由度可以说没有那么高。

接着再用赛马来举第二个例子。或许读者中有人不曾接触过赛马，简单来说，就是预测哪匹马能在比赛中获得胜利，如果预测正确的话，就会得到一定比例的奖金。

被一致看好的马，因为赔率低，所以即使预测正确，能得到的奖金也不多。不被看好的马虽然能得到的奖金高，但是胜出的概率不大。所以究竟是选择被不特定多数竞争对手所赌上的人气马，还是放手一搏选择冷门马，这就需要我们必须预测"他人"的动向，然后去考虑如何判断才会是最佳选择。

职业棒球选秀中"第一顺位落选的选手"为何特别重要？

这一节我们详细来讲上节提到的状况，即"被特定的竞争对手牵制"怎么办。这种状况虽然比较复杂，但是只要我们想好对策，就能轻易化解。下面，我们用职业棒球的选秀作为例子来加以说明。

1989 年，隶属于非职业球队的野茂英雄选手，由于同时被八个职业球队指名为第一名选手而名噪一时。各个职业球队所指名的第一名选手恰好重叠，这种状况在当时时有所闻。

在职业棒球赛中活跃的优秀选手理所当然会是各职业

球队争取的对象，因此必然产生竞争。若碰到重叠的情况，就让各职业球队抽签，但中签率也会因此被拉低。在这种情况下，转而考虑争取第二名的指名选手，自然就是比较明智的做法。

这个决策的做法是"转而指名第一顺位落选的选手，将他扶正为名正言顺的第一名"。在这种存在特定竞争对手的情况下，当事人无法单纯在个人所能掌控的范围内进行决策，所以在预测了对手的动向后，要决定究竟是确保现有利益，还是锁定最大利益，取决于细致的判断。

就这个层面来说，在选秀中是否考虑去争取"第一顺位落选的选手"，具有相当重要的意义。

若是能顺利做决策，就能在选秀中大有斩获；反过来说，延误决策的话，优秀选手就会逐一被挖角，球队不但吸收不到前景较好的选手，还可能对选手的培训或是周边商品的销量造成影响。

我们再举一个职场上的例子：

假设一位企业老板正考虑将事业发展到印度，这位老板认为在印度的北方邦（Uttar Pradesh）拓展事业有利润空间，但同时，他听说竞争对手同样打算在北方邦拓展事业版图，而且规模还是自己的三倍。

碰到这样的情况时，延迟拓展计划或是考虑其他地区，都是可行的做法。竞争对手的行动将会成为影响决策的重大因素，若不谨慎考虑就无法进行决策。

但是一旦在选择上耗费的时间增加，市场上的竞争就会随之增加。

如此一来，我们就能断定，原本只有一家公司入驻就必定能充分掌握胜出机会的情况，结果却会因为接二连三被其他公司超越，而让事业扩张的可能性消失。各公司彼此之间互相竞争倾轧，也将导致利润的降低。

不管决策是否让你苦恼，都要使用"决策工具"

从前面的分析来看，所有的决策都能分成四类，如下文图表所示。

从左下以逆时针方向来看，我将其划分为第一象限、第二象限、第三象限和第四象限，分别对应到"决策四象限"，同时也将你在"实时判断"时能够派上用场的"决策工具"一并注记上去。最重要的是不管碰到什么情况，都能随机应变进行实时判断，所以希望各位务必确实记下对应至各象限的思考术。

第一象限

回报低，但相对来说这是选项以及牵制因素较少的决策区块。由于此区块是低风险、低回报，而且通常是单凭个人意志就能做出判断的决定，因而是最不需要耗费时间的决策区块。

在第一象限所使用的决策工具是"权衡取舍"。

第二象限

这一区块是回报高，但牵制因素却不多的区块。此区块的决策虽然单凭个人判断就能决定，但选择非常多。也因此只要能够正确做出抉择，就能够获得有别于他人的丰硕成果。

第二象限所使用的是名为"画树状图"的决策工具。

第三象限

回报高，同时选项与牵制因素也较多的决策区块。此区块的决策必须在有无限选择的情况下，与不特定的许多对手竞争利益，所以决策质量会直接影响结果。也因此，如果无法做出正确判断，就会蒙受巨大损失。

第三象限所使用的决策工具是"分析归纳"与"博弈论"。

第四象限

此区块的决策回报虽然不高,但也无法单凭个人意志决定。决策难度虽高,却无法获得相对应有的回报。

因此,第四象限的决策最好果断地交付给他人,或是主动争取决策权。如此一来就不用在意对手的动向,而是把它转化成在判断上相对容易的第一象限决策。

学会"比较"基础的四项技巧

使用对应到四个象限的"决策工具"来进行思考,能提升你的思考速度,并且帮助你做出更适当的判断。

那么究竟该如何让这些决策工具派上用场呢?我先来解释决策的基础,然后再逐一说明各项工具。

进行决策时最为基础的思考方法就是"比较"。

在信息过于泛滥的社会中,"比较"是一项能够帮助我们轻松理清思路的基本思考术。

"比较的方法,大家不是每天都在用吗?"

"我每次做判断前都会先比较呀!"

大家可能会这么想。这项方法确实乍看之下过于理所当然、不足为道，但是"比较"这种简单的决策思考术其实也藏有技巧。

若能善加运用，微不足道的决策乃至重大决策的质量都会得到提升。其结果就是不管是在工作上还是生活中，都能时时获得较高的回报。

决策的重点在于达到目的，应将适当的对象进行比较后再做决定。那么，该拿什么做比较并以此做判断为好呢？

需要拿来进行比较的基准只有以下四项：

1. 时间轴。
2. 标准值。
3. 其他人。（其他公司）
4. 与理想的落差。

虽然可能存在的比较组合无限多，但不管碰到什么状况，只要套用这四项进行比较，答案就会自动浮现。

比较时间轴

第一项是以时间轴来做比较。

我非常喜欢一个人出国旅行。只要有时间，我就不会跟团，而是收拾行李当背包客，过去有的时候也会跟当时的女朋友一起出国玩。

当背包客只身出国旅行时，首先要面对的就是旅行经费的问题，其中机票钱通常会占去旅费的一大半。实际上购买机票时到底需要什么样的决策呢？让我们一起来思考看看。

想必大家曾在自己的电子机票或是旅程表上看到过"W""Y""M"之类的字母吧？事实上，同样是经济舱，也会因为预约等级的不同而被分类到不同类别。以下就以经济舱的预约等级为例进行说明。

"W"指的是豪华经济舱（premium economy flex），一般票价。让你感受舒适的就坐环境，享受宽敞的座位空间，并且允许出发前改签、退款、取消、升舱。

"Y"指的是灵活经机舱（economy flex），一般票价。允许出发前改签、退款、取消、升舱。但是无法享受到舒适的就坐环境和宽敞的座位空间。

时间轴的比较

以经济舱的预约等级为例：J航空公司的情况
※下列字母与机舱内容仅为举例说明，各家航空公司情况不同，下表参考航空公司网站制成。

选项	预约等级 W・E・Y・B・H・K・M・L・V・S・Q W 豪华经济舱 Y 灵活经济舱（一般票价） M/L/N/S 特别经济舱 E 特级经济舱 B/H/K 标准经济舱，JMB会员可升级 Q 促销经济舱
回报	（高）W→E→Y→B→H→K→M→L→V→S→Q（低） ※机票以票价低者为优先选择
风险 （限制条件）	（低）E←Y←B←H←K←M←L←V←S←Q（高） W ※此处的限制是指出发前无法改签、取消、退款、升舱等

机票的预约等级以低价为优先选择，但考虑了限制条件后，究竟什么时候买票会更好呢？

"M"指的是特别经济舱（economy special），特别票价。出发前若想改签，必须支付手续费。无法取消、退款、升舱。

如此一来，决策时将时间轴作为判断基准，在面对以下各种选择时，回报与风险就会清楚浮现了。

虽然票价跟旅游地点有关系，但有时候在网络上搜寻时没有当机立断买票的话，隔天在同一个网站上再看到同一目的地时却已经涨了三万日元，这样的状况并不足为奇。

不过是一天之差，差额就多达三万日元，即使对于不是背包客的人来说也是一笔巨大的支出。所以我通常会先推算出前几年的票价变化趋势再购票。也就是说取得近几年来同一时期的数据，将结果指标以时间轴来进行比较，就能掌握票价变化趋势。

但话虽如此，我想大部分人是无法提前这么久决定出国时间的。

同是上班族的我可以理解，有时会因为工作状况而不容易申请到长时间的带薪假期。但如果确定请得到带薪假，尽早做决定就能用比较低的折扣价买到机票，但是有时还是会与预期产生一两天的时间出入，此时若考虑取消的费用，又会陷入选择的两难中。

但是，只要将"比较时间轴"作为决策大原则的话，就能确保做出决策之前的"缓冲时间"，也就能以最适当的步调，同时在承担最小风险的情况下进行判断。

顺带一提，要决定晚餐吃什么也跟时间轴有关。

如果以时间轴进行安排，就可以每天吃到不一样的肉。

这就是以一天、一周为时间轴进行比较，做出选择。

比较标准值

第二项是比较标准值。

举例来说，一位标准体重为80公斤的男性，对自己这段时间的不良饮食习惯感到烦恼不已。这一阵子他因为应酬多，用餐多为油腻饮食。周末到健身房一称体重，才发现体重已经增加到了85公斤。

他感觉自己在标准体重——80公斤时，身体最轻盈，体力也最佳，于是决定减去多余体重。

减重的方法不胜枚举，比如将饮食中的热量控制在一

与标准值做比较

为达到标准体重而选择的减重办法

做法	回报	风险
成为健身房会员，持续运动，消耗热量	改善体质，打造健康的身体	无法持之以恒，导致初期投资无法得到回报
限制饮食	体重适度下降	无法持之以恒，体重回弹
断食	体重急速下降	过度压抑，积累压力

长期效果 ←——→ 短期效果

每一种方法都各有利弊，你会怎么选择？

035

天 1500 卡路里的标准值内，便是一种将标准值作为参考的方法。

以企业来说，与产业的标准值进行比较，就能察觉企业自身的强项与弱点，进而做出改变。举一个最简单的例子，制造业中有一个营业利润率 10% 的数值，只要能达到这个数值，就堪称是"优良企业"。当然，不同产业有不同的数值标准，这个数值经常被拿来作为目标的标准值。

与其他人（其他公司）进行比较

第三项是与自身以外，亦即与特定的他人（其他公司）进行比较。让我们来看看下面的例子。

公司内部举办了由公司出资的 MBA 留学选拔考试，到最后一关考试时只剩下你和 A 先生，你正苦恼着不知道该如何准备。不同于第二个例子中的个人标准值，这个例子中标准的核心是 A 先生的成绩。最后一关的考试时间定在一个月后，如何尽可能在有限时间内做最充分的备考，关键是要做出将准备重心放在何处的决定。

因此，必须先搞清楚跟 A 先生比起来自己的优势与劣势是什么。

与其他人（其他公司）进行比较

由公司出资的MBA留学

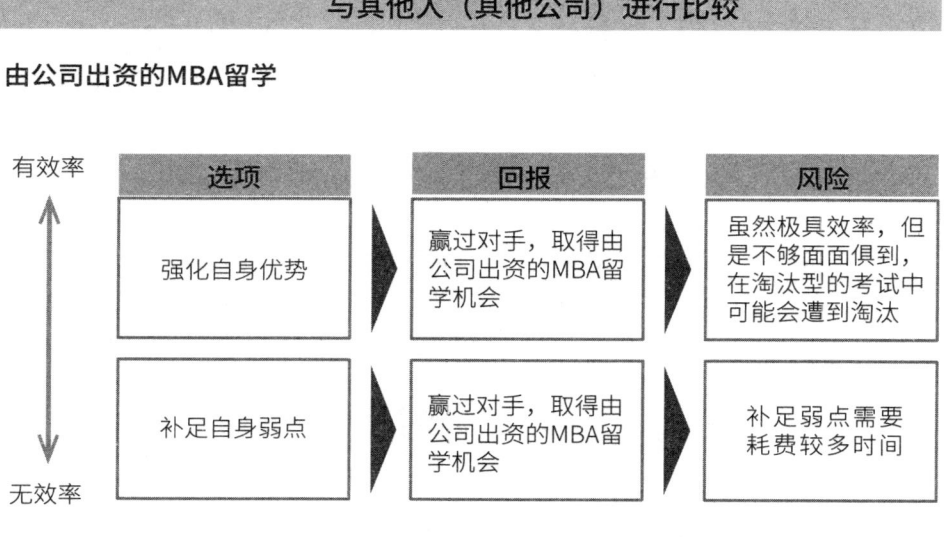

选项	回报	风险
强化自身优势	赢过对手，取得由公司出资的MBA留学机会	虽然极具效率，但是不够面面俱到，在淘汰型的考试中可能会遭到淘汰
补足自身弱点	赢过对手，取得由公司出资的MBA留学机会	补足弱点需要耗费较多时间

有效率 ←→ 无效率

比较的中心点并非自己，而是竞争对手。如果是你，你会选择怎么做？

这样说是因为若跟毫无关系的 B 或是先前通过考试的 C 去做比较，根本毫无意义。

在跟 A 先生做比较后，选择在面试前加强自己的强项，还是补足弱点，很可能会让结果发生不一样的变化。最终要是落选的话，下次由公司出资的留学选拔考试将在一年后举行，届时没有人能保证自己会再次入围候选。所以，在和他人进行比较时，必须选择能让本次得以胜出的决策。

以企业来说，就是与相互竞争的其他同行业公司做比较，理清自身的强项与弱点后再进行决策。

和理想进行比较

第四项，是和理想进行比较时所产生的落差带来的效果。

若以前面提到的减肥为例，就是和具有理想体重的朋友或是自己欣赏的模特儿做比较，然后再决定减肥的方法。

对于职场人士来说，与其和标准值做比较，倒不如把令人敬佩的同行拿来做比较，借由模仿来取长补短，或是观察业绩顶尖的同事跟自己有哪些习惯上的不同,把自己还做不好的地方加以改进和完善。通过这些行动,就能用决策帮助你缩小现在的自己与理想中的自己的差距。

以上介绍了进行比较时的四项基准,关键在于你的决策目的能够通过哪种比较基准变得更明确。为了不让自己在判断时陷入主观,重点就是借由比较来提升客观性,以便让自己做出更佳的决策或是更快速的判断。

向人气漫画《孤独的美食家》学习比较技巧

你是否知道《孤独的美食家》①这部美食漫画?

这部漫画描述的是在杂货进口公司上班的中年男主角井之头五郎的日常生活,他在外头跑业务时,总会依据当天的心情寻找餐厅,独自一人埋头吃饭。这部漫画中基本上不曾出现过需要订位的高级餐厅,主角造访的大都是一般市井小民会去的餐馆。

不同于一般美食漫画,这部漫画不会有技艺高超的厨师展现技巧开发新菜单,或是巨细无遗地解说食材等桥

---

① 《孤独的美食家》是一部围绕老饕井之头五郎寻访各地美食而展开的美食漫画。作者:久住昌之,绘者:谷口治郎。

第一章　愿意承担风险的人反而不会失败

段。你只会看到一名穿着西装、打着领带的中年男子喊着"肚子好饿啊",然后认真专注地享受料理。料理的外观、口感和滋味自然不在话下,就连店面的整体气氛也是他享受料理的环节之一。

这一切都通过主角五郎的细微表情变化以及内心独白呈现出来,引发了许多上班族的共鸣。

阅读这部漫画时,特别吸引我注意的是主角近乎偏执的"比较"态度。

主角井之头五郎每造访一家餐馆,一定会先从比较餐馆的类型开始,接着再从"究竟是要吃天妇罗,西餐,还是中华料理?"这样的烦恼展开。

决定了餐馆后,接下来犹豫的是菜品。他会在众多菜品中自行想象菜品内容,或是偷看邻桌的菜品进行比较后做出选择。

虽然这部漫画的故事内容没有戏剧性的情节,只有宛如纪录片一般平淡的叙事,但读起来却让人欲罢不能。

举例来说,某天早上八点,他到东京的赤羽给客人交货后,决定到附近的餐馆吃早餐。当时他走在路上、走进这家店后的情景如下:

即断力

"店内陈列了大量下酒菜,看起来全都像是平常下饭的配菜。"

"大片的可乐饼看起来很不错。酱油鲑鱼子、烤秋刀鱼也不赖。要不要配那边的豆皮吃?一大早就能吃得好丰盛啊!二百五十日元的岩海苔吃法真是行家。"

在犹豫不决后,他点了鳗鱼饭、鳗鱼内脏汤、酱油鲑鱼子、京都风豆皮、岩海苔和腌渍小菜。我读到这里不禁喃喃自语,五郎你真的是很能吃啊。

"豆皮跟鳗鱼饭这样的搭配还真是奇怪。"
"我太心急了,这样的组合真是乱七八糟。"
"啊啊,吃不下了。"

五郎自己也承认显然点了太多菜,而且组合还很奇怪。

另外还有一次,他出差到大阪时要买车站便当。原本点了朋友事先推荐的"龙养轩烧卖便当",但是看到身边的客人买了一个拉了绳子就能通过化学反应加热的烧卖便当"JET"之后，就出于好奇也换成同样的便当。这款便当盒经常会被人们运用在牛舌便当上。

在这里我顺带提一下，当时加热后，整个新干线车厢弥漫着超乎想象的浓浓烧卖味，还引发了周围乘客的不满。简而言之就是一个错误的决定。

但是主角在故事中就是这样不断凭直觉来决定吃些什么，随即又后悔，再借由比较做出能获得最高回报（满足感）的选择。

我认为他是通过时间轴上过去的信息、个人心目中的标准值以及他人选择的餐点进行比较后来点菜，并期盼端上桌的菜能符合理想。如果入口的菜合乎想象的话，五郎还会经常续碗加点。

"我的身体就是炼钢厂，我的胃就是熔炉。"
"啊——我的胃跳起了草裙舞。"

看他这么说不禁令人想笑，我也总是忍不住想去造访他所吃过的所有餐馆。

即断力

　　这就仿佛在瞬息万变的时代中，知道有一些地方会永远不变地为人们带来安心和慰藉。
　　《孤独的美食家》乍看是美食漫画书，但是对于反复阅读这部漫画书的我而言，它就像是一本可以培养细节决策技巧的绝佳商业管理书，是一部与众不同的漫画。

第二章

比起『要保留什么』,
更重要的是『该割舍什么』

只有"努力"或"放弃"两种选择。
从古至今,人生的道路不外乎就这两条。
　　　　——《蜂蜜与四叶草》,花本修司

电子邮件应该在收到时马上回，还是晚点回？

不知道各位是否听说过引进国民幸福指数（Gross National Happiness，GNH）这种指标的南亚国家不丹？

2011年，旺楚克国王夫妇以国宾身份访日，从而在日本声名大噪。不丹不追求国内生产总值（GDP）之类的经济指标，而是以建设国民能够长居久安的国家为理念。他们注重保护传统建筑，鼓励国民穿传统服饰、回归根本、弘扬传统文化，由此吸引了大量国内外的游客，拉动了经济增长。

不丹的当政者致力于为国民打造幸福生活，但在一定程度上也体现了当政者为避免冲突、寻求和平的发展环境，而"选择"了国民幸福指数这种温和的国家发展政策。

但鱼与熊掌不能兼得，为了寻求和平的发展环境，不丹就必须非常明确地在要保留什么以及该割舍什么之间做出抉择。想要获得某样东西的同时，就会失去另一样东西，这样的关系称为权衡取舍，也是本书所要介绍的第一个"决策工具"。

在衡量风险后，为了回避最该避开的风险，而选择了可以接受的风险，也称得上是一种权衡取舍。割舍掉次要选项，并且将"时间"放在第一考量顺位这种保险审慎的做法，就结果来看是能够提升判断质量的。

孰留孰舍？在决策下进行二选一的方法正是权衡取舍。顾此失彼、顾彼失此，在无法面面俱到的情况下必须有所取舍。因为权衡取舍是二选一的方法，所以在相对来说必须快速做出决策的情况下通常相当适用。

以决策四象限来说，权衡取舍适用于不会被他人所左右、回报为中低程度的决策。

简单来说就是相互冲突的条件无法同时存在，贪多者必然落空。

第二章 比起"要保留什么",更重要的是"该割舍什么"

举个简单的例子来说,收到电子邮件后决定何时回信也是一种权衡取舍。收到邮件后要回信时,大致可分为下列两种情况:

1. 收到信后马上回信。
2. 事先决定回信的时间,然后统一回复。

以上两种情况没有高低之分。

对于业务助理来说,快速回应客户是服务精神的体现,所以毋庸置疑第一种做法会好一些。然而,对于工作烦琐,比起追求速度更加重视校稿质量的出版社编辑来说,为了回信而中断校稿相当没有效率,所以第二种做法会比较好。

这种情况下,就看你所看重的是速度还是效率。

举个简单的例子来说,如果你对于每次回信的时机总是拿不定主意的话,不如二选一,制定"个人原则",这样一来不仅能大幅提升工作效率,还能培养出个人的工作模式。

培养"个人风格"是一件非常重要的事,即便是电子邮件的回信,也会因为是否运用了个人决策,而对工作造成莫大的影响。

以企业来说,多半都会追求"物美价廉",希望面面俱到,但这基本上是不可能的。一般来说,无论是商品还是服务,过于追求质量势必会导致价格上升;若是追求价格的低廉,质量就必然下降,想要面面俱到非常困难。在这种情况下,优良的质量和低廉的价格之间就存在权衡取舍的关系。

> 把心一横,在高质量和低价格之间二选一,并且孤注一掷的人,相较于无法拿定主意的人,得到的成果会更加丰硕。
>
> ——《取舍》(凯文·曼尼著)

如果硬要在无法两全其美的关系中做到面面俱到,往往会导致经营问题。想确保质量又兼顾价格的企业,只能说是看不清楚现实,浪费经营资源与时间,到最后往往会迷失方向。

也有些企业是受制于过去的成功经验,在无法割舍价格与质量却又落得两头空的情况下继续经营。

经营上最重要的判断,莫过于面临"物美还是价廉"这种二选一的抉择时,该如何权衡取舍。

其实这个方法不仅适用于上班族,除了工作的质与量、时间与效率外,决定个人行动的决策,也能用二选一的决策方式来考量(决定方向)。

因为"割舍的勇气"而成功的廉价航空公司

在个人工作层面上,前面提到的例子是"电子邮件的回复";企业部分,则是由"物美还是价廉"这种二选一的抉择构成判断核心。

那么究竟是要选择低成本还是高质量?让我们用更实际的例子来看一看吧。

举一个浅显易懂的例子,一般航空公司(普通的航空公司),以及与之抗衡的廉价航空公司。

2015年4月8日,成田国际机场为廉价航空公司启用了新落成的第三航站楼,这个新闻一发布就引发了大众热烈的讨论。

第二章 比起"要保留什么",更重要的是"该割舍什么"

喜欢旅行的我曾经搭乘过亚洲航空、香草航空,还有比较特别的阿拉比亚航空的飞机。阿拉比亚航空是阿拉伯联合酋长国(UAE)的一家航空公司,起降地点并非著名的发达都市迪拜或是首都阿布扎比,而是距离联邦国中心地区稍微有点距离、位于第三酋长国的沙迦机场。

可能是因为沙迦机场的机场使用费比迪拜、阿布扎比便宜,而且相当适合飞机起降。在此就让我们利用廉价航空公司的例子来温习一下权衡取舍,也就是有所割舍然后放手一搏的主旨。

搭乘一般航空公司的飞机所能享受的服务,到了廉价航空全部都要收费,不论机上饮食、毛毯、耳机、枕头,还是行李的托运等等都是。此外飞机座位的间距狭窄,坐得不舒适,基本上也没有所谓的里程数可以累积。具体规定虽然各家廉价航空公司的情况不尽相同,但他们所做的决策都是除了运送乘客这项基本服务以外,尽可能不提供其他免费服务。

为了实现低成本的目标,在价格和服务两个选择中,廉价航空决定以低廉的价格来取胜,因而制定了下列方针:

1. 不雇用清洁人员，由空乘人员负责清洁以压低成本。
2. 不以车水马龙的主要机场作为起降据点，而是专飞中型城市、次要机场之间的短距离直飞航线。
3. 飞机统一为单一机型，以提升检查维修效率。
4. 缩短飞机停留于登机门的时间。
5. 缩减旅客服务以维持飞机的高运转率。

压低成本与提升服务质量之间存在着权衡取舍的关系。廉价航空公司舍弃了长久以来被认为是理所当然的高质量顾客服务，采取的做法是提供给乘客价格低廉的机票，以此提高顾客的满意度。这个决策扭转了传统观念，人们不再将飞机看作是特别的交通工具，而是将其定位成在空中飞行的公交车。

以往习惯于选择一般航空公司的旅客，虽然对于狭窄的座位间距和行李限重方面的规定会感到不满，但还是会被机票价格吸引。飞短距离航线时，我都会选择搭乘廉价航空。

第二章　比起"要保留什么"，更重要的是"该割舍什么"

在这里，我顺带提一下，被我用来举例的廉价航空公司，是将一般航空公司的套装服务拆散出售的。

像日本航空（JAL）和全日空（ANA）这样将机票、饮料、飞机餐、行李等多项产品与服务捆绑在一起出售，在经营学上称作绑售（bundling）；反之，像廉航公司将服务分开出售的话则称为分售（unbundling）。例如计算机主机跟软件的套装也是绑售的例子。

许多不擅长决策的人都是无法在权衡取舍中进行二选一的人。不过是要从区区两个选项中做出一个选择而已，却会因为判断的基准不够明确，而让选择变得困难。

如果可以不割舍，也不需要放手一搏当然是最好的，但在多数情况下难以两全其美。这一点，我们有必要认清。若是坚持要面面俱到，不敢割舍，想避免将要承担的风险，只会让判断变得更加复杂，从而降低回报。

因此，在选择中意识到该割舍什么非常重要。

"应该割舍什么"这个念头正是二选一的精髓所在。先考虑要保留什么的话，会想到一大堆东西，此时光是整理就很花时间。明智的做法就是不要去考虑保留什么，越是割舍，越是能强化保留下来的东西的价值。

租房是"权衡取舍"的极致应用

许多人都有过独自在外租房生活的经验,租房的方法可以说是不一而足、因人而异。

以下列条件来说,你会选择租哪一套房子呢?

1. 位于市中心,1厨,3.5坪①,月租8.3万日元。

2. 距市中心40分钟车程,1厨,5坪,月租

---

① 源于日本传统计量系统尺贯法的面积单位,主要用于计算房屋、建筑用地之面积。主要应用于日本、中国台湾和朝鲜半岛国家。1坪等于1日亩的三十分之一,约合3.3平方米。

第二章 比起"要保留什么",更重要的是"该割舍什么"

7.3万日元。

如果对地点没有要求的话,人们应该会选择宽敞又便宜的后者;如果希望交通便利的话,人们就不会选择这套到市中心往返需要花上80分钟的房子。

如今人们找房子时多半以在网络上搜寻为主,此时屏幕上会出现好几个选择条件,像"房租""格局""实际面积""距离车站步行时间""房龄""所在楼层""房子朝向""卫浴是独立还是公共的""屋内是否铺设木地板",等等。

虽然检索条件不胜枚举,但可以将"交通便捷性"和"房子舒适度"设为优先限制条件。

接着再将房租设定为限制条件,毕竟大家都是先决定房租预算后,才能决定后续的条件。

如果预算无上限的话当然另当别论,但是这种情况十分罕见。就我自身的经验来说,绝大多数情况下,无法妥协的首要条件就是房租,所以应先设定房租上限后再用其他的条件来做进一步的筛选。

1. 交通便捷性。(是否要住在便利的市中心)

2. 房子的舒适度。（交通多少有点不方便，但是格局宽敞的房子）

这两个就是进行权衡取舍的对象条件。

1. 因为工作忙，所以希望尽可能减少通勤时间。此外晚上外出聚餐机会多，想住在交通便利的市中心。

2. 工作日跟假日的区分要清楚，希望假日可以好好休息。

如果你的想法是第一种，就不要计较实际坪数和格局，选择离车站近的市中心的房子；如果是第二种，就要以实际坪数和格局为优先考虑条件，选择距离车站和市中心有一段距离的房子。

反复进行二选一，答案就会自然浮现

在阅读过上一篇关于租房的文章后，让我们实际针对"交通便捷性"和"房子的舒适度"来思考一下吧。

基本上，交通便捷性最重要的就是距离车站的远近。而房子的舒适度则可以从好几个方面来考量。房租作为限制条件虽然越便宜越好，但首先要决定的是房租的上限。这次在运用权衡取舍来做决策的前提下，先以10万日元作为上限来挑选房子。

交通便捷性方面以距离最近的车站的交通时间为优先考量。房子的舒适度则可以划分为实际面积、格局、有无阳台、房龄等条件。

想要找宽敞一点的房子，房龄可能较大；若优先考虑房龄小的房子，格局可能或多或少不够合理，进行抉择时必定会出现难以取舍的状况。权衡取舍的另一种说法就是"相对性有利"，也就是从"交通便捷性"与"房子的舒适度"这种非绝对性的条件之间，进行二选一，割舍掉其中一个选择。在找不到一个均衡点却又被迫面临抉择的情况下，所做的正是权衡取舍的决策。

找房子时多方进行比较或许还算轻松，但是如果我们在实际生活中，包括在职场上碰到需要决策的事或是要进行其他决策时，就往往难以决断。

最大的原因在于，我们搞不清楚该用哪些条件来进行权衡取舍。其实，这个问题解决起来也简单，只要像找房子一样，搞清楚要权衡取舍的是哪些条件，就能快速做出坚定的选择。

此外，只要"反复使用"这个方法，就能越来越明确地判断出更加复杂的状况。

举例来说，假设我们看重"交通便捷性"胜于"房子的舒适度"，接下来要考虑的就是住在"市中心"还是"郊外"。假设是选择"市中心"，再去考虑像"交通便利

租房时的权衡取舍

择此就要舍彼
从各选项中将房租设定为限制条件，上限为10万日元

① 交通便捷性

市中心 VS 市郊

利于通勤 VS 位于时尚都会区
　　　　　　　位于JR山手线上 VS 位于JR山手线外
　　　　　　　　　　　　　　　　离车站近 VS 离车站远

可以给自己"充电" VS 可以发展兴趣
　　　　　　　　　　　靠海边 VS 靠山区

② 房子的舒适度

格局为两室一厅 VS 一室

独立卫浴 VS 公共卫浴
　　　　　　有阳台 VS 无阳台
　　　　　　　　　房龄小（新房） VS 房龄25年

度"和"地理位置"等条件，这样反复进行二选一的话，就能过滤掉不少房子。

如果只是漫无边际地找，就会觉得每个地点的房子看起来都不错，结果可能会因为不同地区的房子质量不一而烦恼不已，白白浪费不必要的时间。一个月、两个月后依旧无法做出决定，可能合适的房子也会被其他人抢先租走。

这种情况下，就该运用"权衡取舍"这种最具效率的方法，理清各项条件，以利判断。

实际上，在我本人身上就发生过类似的状况。

我在找房子时将房子的舒适度放在第一顺位，那时我已经打算搬到坐落于埼玉县川越市内的宽敞房子，而非位于市中心的小房子。但是那时因为我经常出入东京杉并区高圆寺和中野区一带、以旅行为主题的咖啡店，结识了不少朋友，所以也开始留意高圆寺、中野那一带的房子。

但是因为比较靠近东京市中心，杉并区高圆寺一带的房子，房租市场行情高于埼玉县川越市，结果这反而让我无法专注在比较房子的舒适度上。最后我折中考量舒适度与地点，决定租下位于北区赤羽的房子。

就地点上来说，我租下的房子距离当初我所期待的高圆寺称不上近，与一开始预定搬去的川越市相较之下，房租虽然相同，但房子却小得多。

之所以会有这样的结果，也是因为我最初设定的搬家目的不明确，从而令自己无法果断取舍、不敢勇敢做决策。状况若演变至此，相信自己在各个方面都不会感到满意。在这里，我希望各位在决策时可以果断地有所取舍。

如果样样都割舍不下，最终只会两头空，无法彻底下定决心所带来的不满足感和损失则会被放到最大。

美女摄影师变身非洲裸体族?!

我的一位摄影师朋友吉田凪(Yoshida Nagi),因为在非洲拍摄的一系列照片而引发热议。她的照片于2014年1月分别在脸书(Facebook)和推特(Twitter)上被大量转发,可能有不少读者听说过她的大名。

她自小就非常向往非洲。

据她本人所述,她觉得非洲人的生活方式很棒,所以,她从小就想当非洲人。在23岁时,她终于有机会踏上了非洲的土地旅行。自此之后她每年都会以摄影师的身份去非洲好几次,重点拍摄脸上挂满笑容的非洲人。

她总是怀抱着尊敬的态度来拍摄少数民族,特别是裸体部落的女性。但是尽管她长期拍摄裸体部落的女性,却总是拍不到她们真正发自内心的笑容,这点让她烦恼不已。

为了拍下裸体部落女性发自内心的笑容,她做出了一个决定。你猜是什么样的决定呢?

吉田凪的决定是:自己也脱掉衣服,和裸体部落女性一起赤身裸体来拍照。对于女性来说,脱光衣服拍照这件事需要相当大的勇气,但是对她来说,这样的行为只是单纯出于想要拍下自己所尊敬的裸体部落女性的笑容这一出发点。她承担了可能危及自尊的风险,在梦想跟自尊心之间做出了取舍。

我也去过非洲旅行。非洲的裸体部落女性只要给钱就会让人拍照,但是拍出来的照片多半不带笑容,显得很公式化。

在吉田凪所拍摄的裸体部落女性的照片中,她们的脸上挂着真诚的笑容,显得非常开心。因为吉田凪愿意承担风险,所以才能拍下裸体部落女性发自内心的笑容。

她在个人社交软件"自由奔放女的摄影流浪记"中,写下这样一段话:

没有什么胜得过"想成为"以及"想尝试"的心情。想做的事就去做,想看的东西就去看,没有理由忍耐。

最后她以这下面一段话结尾:

对于无法踏出那一步的人,最后我想对你们说:"你有什么理由不脱个精光?"

犹豫不决时，务必选择知道"如何派上用场"的那一方

现在问各位一个问题：

深夜时分，你在加班处理尚未完成的工作，却被前辈邀请去喝一杯，此时你会怎么做呢？
1. 去
2. 不去

我想大家都遇到过这样的选择，说得严重一点，你的人生甚至有可能因为这次的决定而被改变。

被邀请之后究竟是该拒绝还是一起去？

因为是临时的邀约，你可以轻易地以工作还没完成为理由拒绝。

有人只是单纯因为想填饱肚子而答应对方。不过，说得世故一点，这位前辈是什么身份、将来可能爬到什么位置，以这些来盘算的人当然也有。

因为如果放下了重要的工作去喝一杯，事后必须设法补进度赶完工作，所以必须去判断这位前辈究竟值不值得你花时间与他去喝一杯。也因此，这个决策其实是没有正确答案的。

截至目前，我说明了通过权衡取舍来做出决策的方法和步骤。

如果用一句话说明，就是选择应该割舍什么，而非应该保留什么。容我再重述一遍，重点就在于是要选择物美还是价廉。在挑房子时是要看重房子的质量还是交通便捷性，其实说到底也就是要去选择物美还是价廉。

话虽如此，物美还是价廉的判断标准似乎无法概括所有情况。如果能从放手赌一把与断然割舍中做出选择当然最好，但无法用"保留还是割舍"来判断的情况也有。这个世界上

第二章　比起"要保留什么",更重要的是"该割舍什么"

有很多人会舍不得丢东西,总是不小心就把一些没用的东西留下来。

以整理咨询顾问身份闯出名号的近藤麻理惠在她的著作《怦然心动的人生整理魔法》中,提到选择东西的基准时这样说:

> "在你触碰到物品的瞬间,是否感到怦然心动?"

在整理时,应该选择的不是要丢掉哪些东西,而是要留下哪些东西。

近藤麻理惠的话有其科学性,搬家前整理东西时,无法让你怦然心动的物品,就算放了再久也无法让你怦然心动。搬家时硬是要带到新家,下次再看到那些东西时,大概就是年末大扫除的时候吧。

无法感到怦然心动这一点套用在必须做出决定的情况下,就是想不到可以怎么使用某项东西。假设是衣服的话,就是想不到可以在什么场合穿;是资料的话,就是想不到可以用在什么地方。

如果能将进行决策时使用的思维方法运用到整理上，就可以整理得非常顺利。反之，不擅长决策的人整理时也不会顺利。不瞒你说，过去我也是很不会丢东西的人。

书籍作为参考资料，对于坚持写作的我而言必不可少，长期以来，我保存了许多想作为参考资料、却不知道可以用在什么地方的书。

最近看着这么多书我开始这样想：

一平方米每月需花费约五千日元的仓储费。

房子的空间有限，在有限的空间中还有寝室、衣橱和书架。这么一想，我觉得与其每个月花仓储费，倒不如决定要留下哪些东西，然后把其他的东西丢掉，以此为基准可能还省事些。

把应当保留的东西作为判断轴心，进一步决定该割舍掉哪些东西，这也是一种"割舍"的基准。

若想取得更宽敞的生活空间，比较有效率的方法是尽可能缩减堆放无用物品的空间。只要想到仓储费，曾经舍不得丢的没有用的东西也就统统可以丢弃了。还请各位务必一试。

第三章 画树状图找出最短途径

你的命运取决于每个决策瞬间。

——安东尼·罗宾斯

（美国演说家）

选择再多也没关系，只要画"树状图"就不再彷徨

在此唐突地问各位一个问题：

> 出国旅行抵达目的地后，第一餐你会吃什么？

上述这个问题，对于爱好旅行的我来说是相当重要的"决策事项"。抵达当地后的第一餐是在该国第一次接触到食物的机会，多多少少也影响了接下来的旅途愉快与否，所以跟我一样看重第一餐的旅行者应该大有人在。

不过话虽如此，一般人在旅行前很少会有意识地去思

考"第一餐"。大家的想法多半是，只要抵达了目的地，就能自然而然地享用到当地料理。

只是，本书准备在日本出版的过程中，出版社的编辑对我这么说：

"麻烦多写一点有趣的事例进去，拜托了。"

这个看似简单实则困难的难题出现后，我仔细想了想，结果发现了一件耐人寻味的事。

重新审视后我发现，第一餐吃什么其实在旅行前往往就已经不知不觉定下来了。

而让我察觉到这一点的，是极适合用来解决复杂决策的"树状图"。

树状图是以某一事件或问题为中心，扩展出的树枝状图形，是可以深入问题核心的决策工具。有别于二选一的权衡取舍，碰到选择较多的情况时，树状图可以深入事件探究其原因，或是深入某个目标或问题的解决方法，让选择清楚浮现。

这项工具相当便利，它能帮助你挖掘出实现目标的可能手段，并且在不重复的情况下，整理出所有的必要项目。

于是我试着画了树状图，以便理清自己出国旅行抵达当地后的第一餐到底应该吃什么。

"这种无关紧要的小事有必要拿来画树状图吗？"

你或许会这么想。但是，反而是通过画树状图来整理平时不会去思索的事，能让你退一步，更客观地评估、理清事物全貌。

以这一节的例子来说，如果能宏观掌握与"第一餐"有关的各项要素，你就会发现与谁同行、几人同行、住在哪里对于决定第一餐吃什么的影响有多大了。

你如何决定出国旅行的第一餐？

关于如何决定出国旅行第一餐的问题，就让我以2014年8月只身前往南部非洲三国旅行的例子来说明吧。

以下是我所旅行的三个国家的城市：

第一个国家：赞比亚·马兰巴

我第一个造访的城市是赞比亚境内莫西奥图尼亚大瀑布的所在地——马兰巴。住宿的房间配备的是男女共享的双层床，也就是所谓男女混住的多人房。

我在当地所吃的第一餐是"大家一起做的饭"。

因为住宿处备有厨房，因此大家决定由同住一间房的几个房客一起到附近的超市采买食材。总共约有十人,大家分工合作,做了鸡肉、意大利面跟沙拉等几道菜,然后一起配着啤酒吃。

第二个国家:纳米比亚·温得和克

我在这里住的是由日本人经营、日籍游客很多的旅馆。

在这里大家并没有一起做饭、分享食物,而是几个人一起到附近的平价餐厅,在搞不太清楚的状况下点了当地菜肴,配着酒一起吃。

第三个国家:南非·开普敦

在开普敦,我并没有住在餐厅和土特产店云集的长街(Long Street),而是住在与之稍有一段距离的旅店的单人房。也因为是住在单人房,跟其他旅客毫无交集,结果我在南非的第一餐是麦当劳的汉堡。

虽然这是我的个人经验,但就算造访的国家不同,我想许多人也都有过相似的经验。

"与谁同行?几人同行?住在哪里?"

通过看上面的图,你就知道图中的几个要素对于第一

出国旅行抵达当地后的第一餐你会吃什么?

```
与谁同行? 几人同行? 住在哪里?

出国旅行抵达当地后的第一餐
├─ 独自一人
│   ├─ 无星级的饭店 单人房
│   │   ├─ 快餐 ── 汉堡
│   │   └─ 旅行书上介绍的便宜餐厅
│   ├─ 多人房(外国旅客多)
│   │   ├─ 一起做饭吃(在超市采购食材,自己动手做) ── 意大利面、鸡肉、沙拉
│   │   └─ 一群人在当地平价餐厅热闹地吃饭
│   └─ 日本人经营的旅馆(日本客人多的便宜旅馆)
│       └─ 当地的摊贩
├─ 几位朋友同行
│   ├─ 无星级的双人房、三人房
│   │   └─ 旅行书上介绍的便宜餐厅
│   └─ 三星级的双人房、三人房
│       ├─ 旅行书上介绍的还算不错的餐厅
│       └─ 饭店餐厅
└─ 女朋友(男朋友)
    ├─ 三星级的双人房
    │   ├─ 旅行书上介绍的不错的餐厅
    │   └─ 饭店餐厅
    └─ 五星级的双人房
        └─ 星级餐厅
```

078

餐的影响其大。

前文列举的是单独出国旅行的例子，但就像我在前面所述，"和谁同行？几人同行？住在哪里？"等条件发生变化时，判断也会随之变化。

如果是跟几个朋友一起出国旅行的话，责任就会分散，产生"跟着大家一起走就没问题"的心态，容易依赖团体。因此，手上握有旅行书这项"武器"而获得强势发言权的人，就会是大家跟随的对象。也就是说大家心里会认定总会有人安排，但同时也就不能随心所欲地行事，必须考虑他人。

如果男女朋友出去旅行，就会因为想要博得对方欢心，而倾向到高级餐厅吃饭。

独自旅行时，碰到的都是和自己一样独来独往的人，这种难得的因缘际会，会催生出团体意识，反而会出乎意料地选择在一起吃饭。背包客团体就更不用说了，大家肯定都是一起做一起吃。

一般人很少会这样思考"旅行的第一餐"。

但是，只要将日常生活中理所当然的事画成树状图，宏观掌握全貌的话，就能知道在做决策时最重要的是什么。搞清楚重点后，下一次开始就能更加快速、准确地做出选择。

能快速做判断的人挽救速度也快

我们经常会将"判断力"挂在嘴上，身处现代社会，这个词指的是能否"快速判断"，也就是是否能达成"实时判断"。

不管是在职场还是在生活中，最重要的就是能快速地做决策、做判断。

只是事情有复杂和简单之分，决策也一样，有些决策可以马上做出，有些则需要花费时间。例如，决定晚餐要做什么和决定人生方向，不管是在问题的复杂度还是在决策回报的高低上都大不相同。

一般来说，所能获得的回报越高，问题也就越复杂。

不管是工作还是人生，越重要的事，选择越多，判断也就越显困难。但也唯有在众多选择中做出最适当的判断，才有可能获得少数人才能享有的高回报。

此外，判断速度快的人，不管是做出新的判断还是挽救不良决策的速度都非常快，所以即便他所做的判断并不比他人正确得多，"回报的多寡"依旧会有所不同。

以决定晚餐要做什么为例，如果你一早就已经决定的话，就会特别留心超市折扣信息，或是在通勤路上留心蔬果店或是超市的特价商品。

但如果你是到了傍晚才决定要做"咖喱"，就算做"咖喱"的食材搞特价促销等你去买时，可能也早就已经卖光了。

快速做决策的好处还在于，就算你已经决定要做咖喱，但你看了特价传单或超市的折扣消息后，发现做汉堡比较划算，也有时间能实时更改。也就是说，针对晚餐这项活动，若能及早决定，就来得及在中途变更。

晚餐要做什么，或许让人觉得无关痛痒，但如果是在人生中或是职场上，越是能加快判断速度，你就越能尽早针对自己的目标做准备。

想要加快判断速度，相当重要的一点是去累积"值得一试的风险＝下定决心割舍"的相关专业知识。

行文至此，我已经向大家解说了构成判断基础的"比较"，以及将自身引导至正确方向的"二选一"。

但是，二选一这个技巧只适用于价值在两相对比之下非常明确的情况。若面对的是许许多多非特定的选项，通过二选一无法做出适当的比较，也就无法帮助你做出最正确的决策。

也就是说，在不知道到底有多少选择的情况下，通过二选一来做出决策绝非上策。

那么，这种时候该用什么工具？

如果状况不明晰，把它理清即可。这时，第二个决策工具"树状图"就能派上用场。

工作若是不顺，其中一个原因必定是因为自身的视野狭隘，只看眼前，不懂远瞻。面临众多选择，却搞不清楚做判断时该以什么基准作为依据，所以迟迟下不了决心，只会让时间白白流逝。

此时，只要试着退一步宏观掌握全貌，你就会有不一样的体会和认知。不要只见树不见林，如此一来，你就会明白自己在目前的局势下，到底处于怎样的地位，又应该着眼于何处。

以具体事物来比喻的话，就像是拥有一台可以饱览全景的摄影机，你将这台摄影机架设于高处，摄影机的位置越高，所能看到的范围理所当然就越广，所能掌握的信息范畴也就越大。从一个制高点宏观观察事物的方法，我们称之为"俯瞰"。

这一节所探讨的决策课题是回报虽高，但却必须从众多不特定选项中做出选择的判断。接下来就让我们来学习用俯瞰比较各个选择、让选择明确的方法。

想要解决问题，只需要三个步骤

在此冒昧地请大家来解决一个问题，请先看下页图。

该图是一张主题为"将利益最大化"的树状图。要将利益放到最大，应该要怎么做才好？图右侧有许多选项，首先请你试着思考，把这些选项放入框内，画出一张树状图。大致可分为以下三步骤：

1. 设定有待解决的问题。
2. 发展根部层级。
3. 发展子部层级。

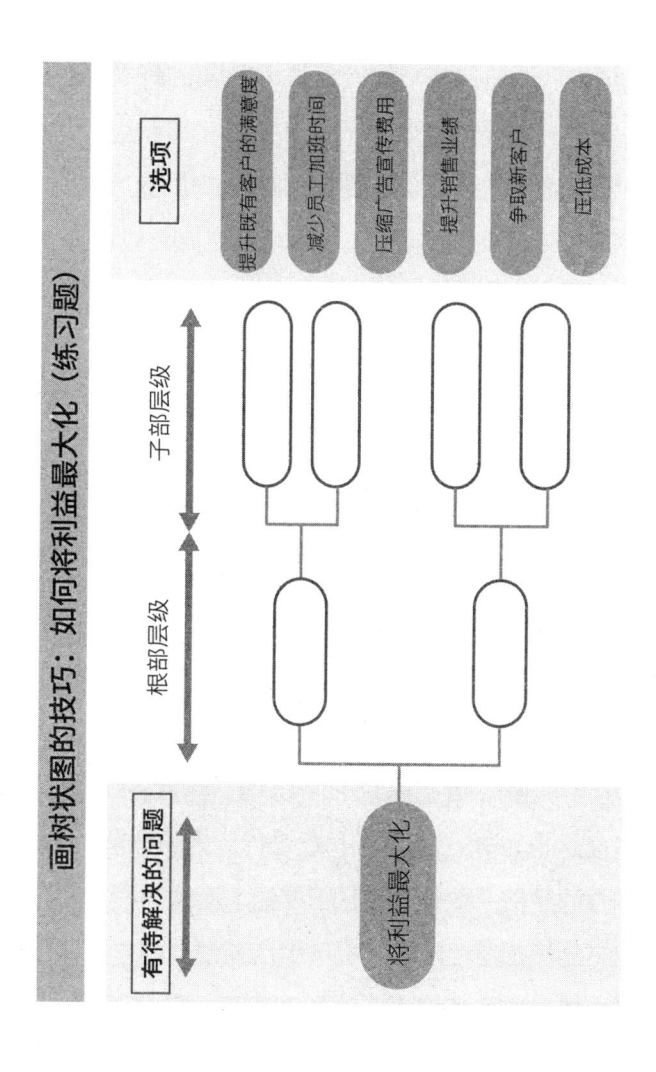

画树状图的技巧：如何将利益最大化（练习题）

选项
- 提升既有客户的满意度
- 减少员工加班时间
- 压缩广告宣传费用
- 提升销售业绩
- 争取新客户
- 压低成本

子部层级

根部层级

有待解决的问题

将利益最大化

画树状图看起来可能有点难，但只要掌握了这三个步骤，每个人都能轻松上手。

要画出树状图，首先要将问题点或是有待决策的事项定为"有待解决的问题"。这项问题应该会包含许多不确定的要素，不像利用权衡取舍进行二选一时，有待解决的问题答案或是选项非常明确。

设定"有待解决的问题"后就会如图所示，发展出根部层级和子部层级，并确立层级关系。此时，重要的是搞清楚待解决问题背后的本质，如果忽视了这个部分，就无法做出最适当的判断。

只有搞清楚目标，确认问题本质，才能知道自己究竟要做什么决策。总之，你所画出的树状图会随着你问题的不同而产生莫大的变化。

接着，我们所要探讨的问题是"将利益最大化"，为了达成这个目标，必须将利益进行"因子分解"。直接牵动利益的是提升业绩以及压低支出。因此，我们可以在分支出来的根部层级填入"提升销售业绩"与"压低成本"。毕竟业绩与成本直接决定了利益多寡。

最后，在"提升销售业绩"与"压低成本"的子部层级中，分别填入决策项目。这里我们在"提升业绩"的子部层级中填入了"争取新客户"以及"提升既有客户的满意度"。

如此一来，我们就能推测：一方面通过"争取新客户"可以提升一定的销售业绩；另一方面，"提升既有客户的满意度"的目的则在于提升过往客户的消费欲望。以餐饮业来说明，就是努力提升回头客的来店次数，借此提高销售业绩。

此外，在"压低成本"的子部层级中则是填入"减少员工加班时间"和"压缩广告宣传费用"。"减少员工加班时间"指的是压低员工因不必要的加班所产生的加班费，也就是努力压低经营管理费中的人事费用。

"压缩广告宣传费用"也就是压低经营管理费中的广告宣传费用。这在短时间内对于压低成本是有所贡献的，但长期来看，直接撤掉电视上的宣传以及杂志广告，可能会造成业绩下滑。这部分需要综合大局评估，判断哪一个策略较为有效再做决策。

画完决策的树状图后，必须再一次审视整体的平衡。看看各层级内的项目是否够详尽或有无重复。根部层级与子部层级分支中的项目是否放对了位置？各个层级的分项是否够充分？有没有深入问题核心？在确认过这几点后，树状图才算是大功告成。

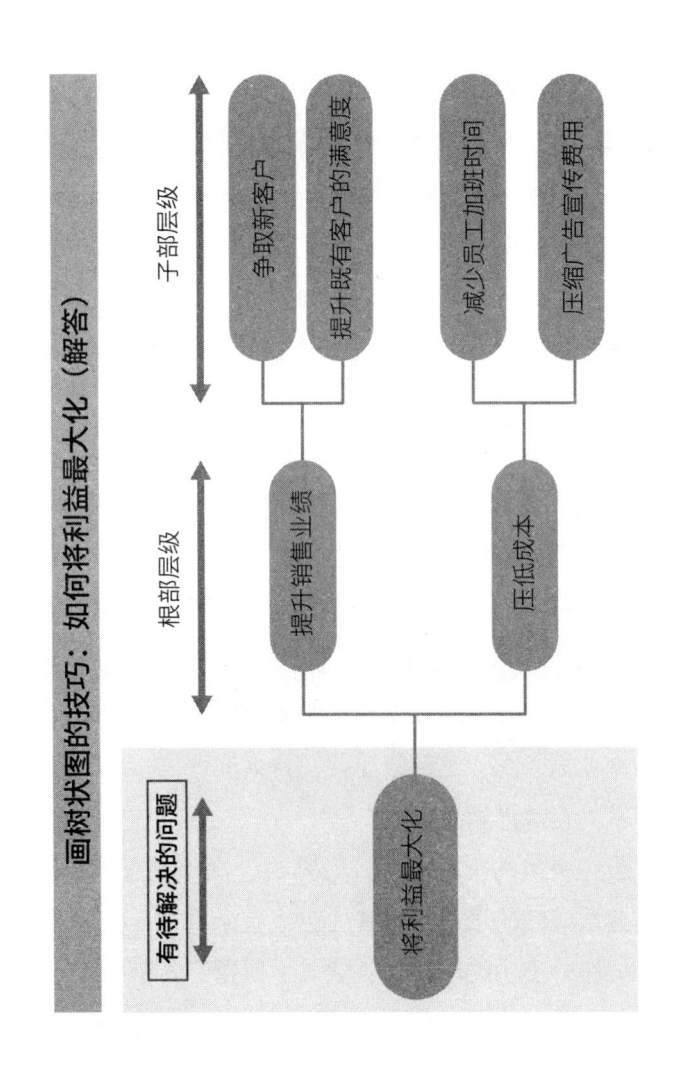

画树状图的技巧：如何将利益最大化（解答）

有待解决的问题

将利益最大化

根部层级

- 提升销售业绩
- 压低成本

子部层级

- 争取新客户
- 提升既有客户的满意度
- 减少员工加班时间
- 压缩广告宣传费用

能讨女朋友欢心的选礼物方法

接着,我们来看看更贴近日常生活的例子吧。

你有一位刚开始交往的女朋友,最近你正烦恼该送她什么生日礼物。

她今年28岁,身材纤细。你会如何思考,又会送她什么东西?希望大家可以参考根部层级的分类,然后试着填入子部层级的选项。

因为交往不久,所以你对她所知不多。首先,让我们来猜测这位女朋友对于礼物是怎么想的吧!可能性有三种:她喜欢惊喜,或重视实用性,抑或是她对于礼物本身

应该送什么礼物给女朋友？（练习题）

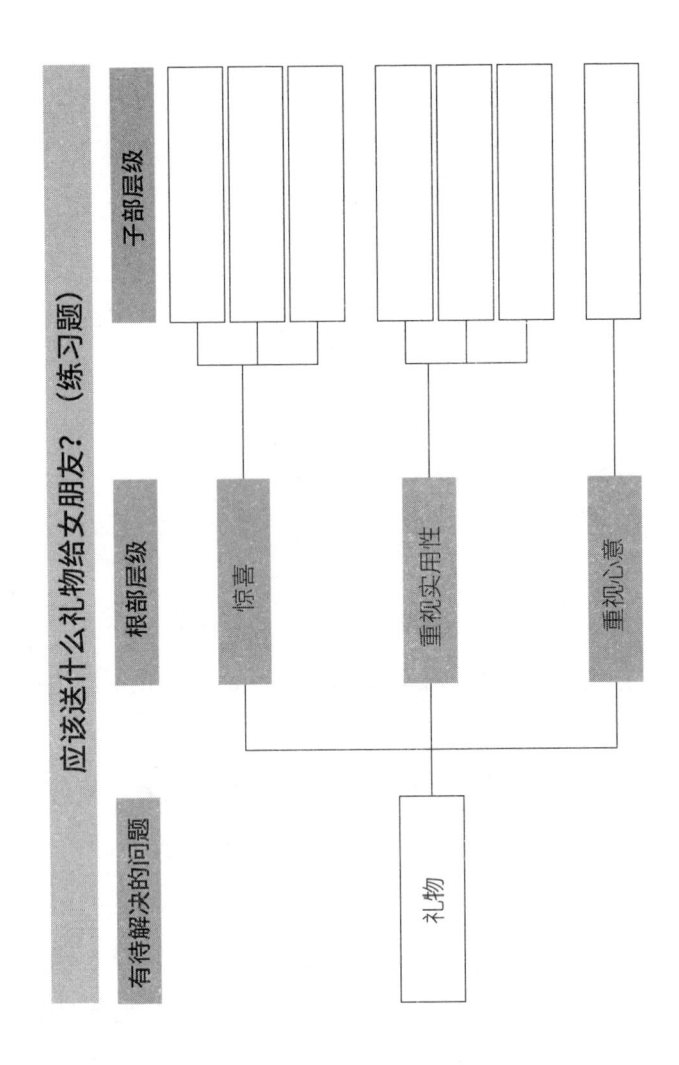

有待解决的问题	根部层级	子部层级
礼物	惊喜	□ □ □
	重视实用性	□ □ □
	重视心意	□

没什么兴趣，只重视你的心意。

因而，我们就在"有待解决的问题"上写下"礼物"，然后在根部层级中填入"惊喜""实用性""重视心意"这三个项目。

在发展第三层子部层级时，先去思索是直接送出"礼物"，还是安排"桥段演出"。据此填入选项，然后再进一步发展出下一层，尽量将你想得到的所有可能都填进去。

像这样图像化后，就很容易去检验论点的演绎过程。思考过程中若有模糊不清或是薄弱之处，也能马上一目了然。树状图由于既能诉诸视觉又不复杂，堪称是一种相当好用的工具。

画树状图时特别重要的是"根部层级"。

"有待解决的问题"固然不能定错，但这个问题背后存在什么样的要素也不容小觑，这些要素必须在根部层级中搞清楚。

如果突然碰到一个"有待解决的问题"，我们首先会天马行空地想各种可能的选择。但若以送礼物为例来说，这样只会让你把"礼券""贵宾犬"这类隶属子部层级的选项拿来做比较。

但是，子部层级的选项再怎么拿来做比较，都称不上是有建设性的行为，因为可以送的礼物是无穷无尽的。

但相反地，只要想清楚根部层级的分类，自然就会知道该如何发展子部层级。如此一来，你就能面面俱到、巨细无遗地进行检验比较。评估根部层级的项目时，如果愿意承担取舍的风险，将可能性过滤到只剩一种的话，也就能一口气过滤掉许多子部层级的选项。

打个比方，在"外套"和"礼券"间犹豫不决的话，即使想破头答案也不会浮现。即使你觉得"外套"比较好，但一旦拿来跟"饰品"做比较的话，又会陷入另一场犹豫，这样下去就会没完没了。

但是，假设你的判断是"惊喜"比较重要，那么就完全没有必要去考虑"礼券"或"钱包"这类的选项。判断确定是"惊喜"这个项目的话，就必定能在"饰品""皮包"以及"贵宾犬"中做出令人满意的抉择。

只要清楚划分根部层级的分类，然后稍微冒一点险，积极地在可能的选项中进行取舍，就能一口气加快判断的速度，同时也可以更明确地做出选择。

极端一点来说，画树状图其实就是去划分根部层

应该送什么礼物给女朋友？（解答）

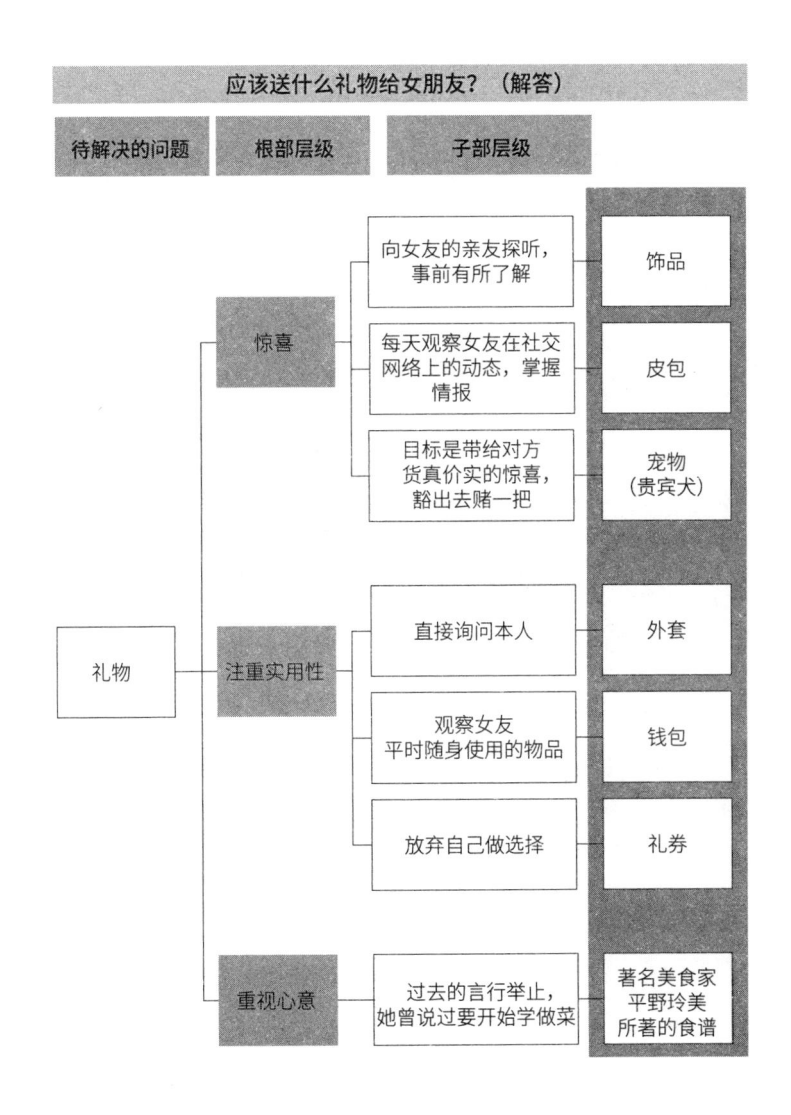

待解决的问题	根部层级	子部层级	
礼物	惊喜	向女友的亲友探听，事前有所了解	饰品
		每天观察女友在社交网络上的动态，掌握情报	皮包
		目标是带给对方货真价实的惊喜，豁出去赌一把	宠物（贵宾犬）
	注重实用性	直接询问本人	外套
		观察女友平时随身使用的物品	钱包
		放弃自己做选择	礼券
	重视心意	过去的言行举止，她曾说过要开始学做菜	著名美食家平野玲美所著的食谱

级，尽早"排除"过多的选项，达成"实时判断"的专业知识。

希望大家可以养成习惯，将"待解决的问题"进行"因子分解"，并且从根部层级开始整理选择的可能性。

究竟是该"换工作"还是该"转调部门"?

各位是否曾经考虑过换工作?

举一个常见的例子来说,假设你进入公司工作已经8年,现在正烦恼究竟是否要换工作,让我们一起来思考这个问题。你大学毕业后工作了8年,年龄到了30岁。人生走到这个阶段,你开始思考对目前工作的不满、对公司的不满,也开始考虑换工作的可能。

面对无法回避的切身问题时,究竟该考虑哪些选择再做判断?试着画出树状图来看看吧。

会考虑换工作,背后的理由应该不少,在此我将其归纳为三个:

1. 对目前的工作感到不满。
2. 对目前的公司感到不满。
3. 将来想独立创业。

　　如果你的情况是第二种或第三种的话另当别论，但碰到第一种状况时，似乎并没有换工作的必要。每个人烦恼是否要换工作的时期可能不一而足，这里所举出的只是一个可能的案例。真正面临换工作的抉择时，请诚实审视自己，再来画树状图。

　　前文讲了画树状图的技巧。想必各位应该多少能察觉到，画出树状图就能在众多的选项中清楚辨别决策的要点。针对想做出决策的事项划分出"根部层级"与"子部层级"，就能够站在制高点上掌握事物的全貌。

　　站在制高点上，就能辨别优先级，也会自然而然地知道做出一个选择需要花费多少时间，以及需要冒哪些风险。敢于承担风险并且加快决策速度，就能够果敢地做出决定，获得的回报自然也会比较高。

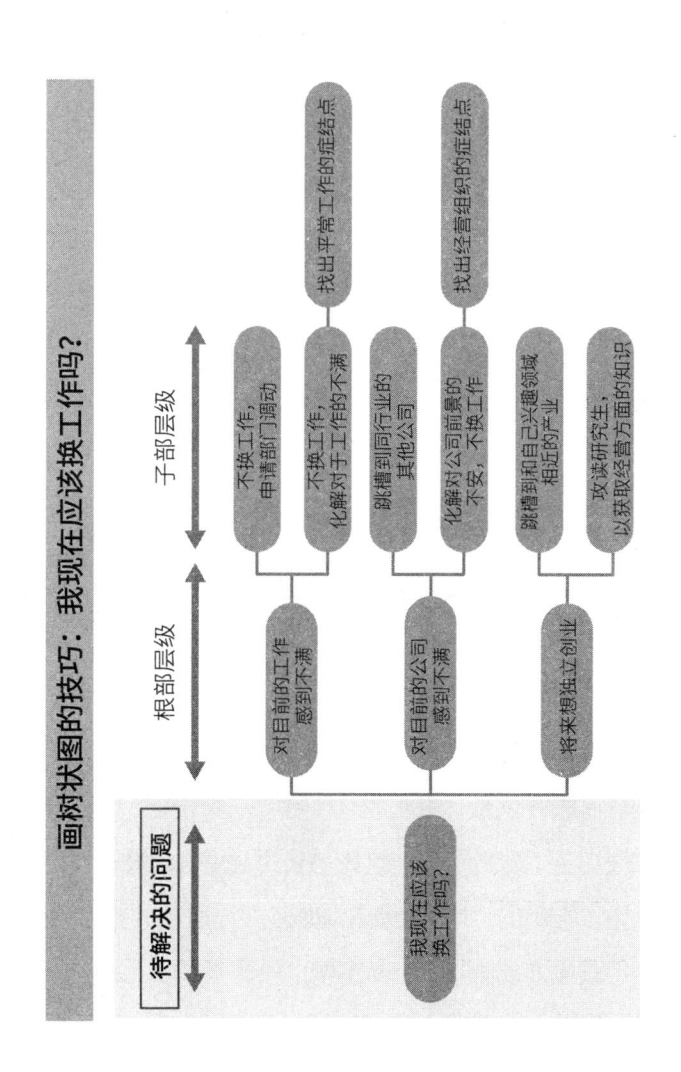

画树状图的技巧：我现在应该换工作吗？

待解决的问题

我现在应该换工作吗？

根部层级

- 对目前的工作感到不满
- 对目前的公司感到不满
- 将来想独立创业

子部层级

- 不换工作，申请部门调动
- 不换工作，化解对手工作的不满
- 跳槽到同行业的其他公司
- 化解对公司前景的不安，不换工作
- 跳槽到和自己兴趣领域相近的产业
- 攻读研究生，以获取经营方面的知识

- 找出平常工作的症结点
- 找出经营组织的症结点

097

新潟天鹅进军新加坡

以观赛者众多而闻名的日本职业足球队新潟天鹅队，从 2004 年开始出征新加坡职业足球联赛。为何日本职业足球联赛的球队会去参加新加坡职业足球联赛？

新加坡职业足球联赛设立于 1996 年。在此之前，新加坡代表队参加的都是马来西亚足球超级联赛。1994 年，新加坡代表队在联赛以及马来西亚金杯赛中双双夺冠。非主办国的新加坡夺下了双料冠军，这让马来西亚足球超级联赛产生了耐人寻味的变化，也成为新加坡职业足球联赛成立的契机。

但是新加坡职业足球联赛的观赛者数目始终不乐观。运营团队为了改善低迷的行业现状，同时增加到场观赛人数，决定邀请外资国际足球队参赛。

最初有中国及韩国等国的球队加入，却因为种种原因相继退出，继之加入的是马来西亚、文莱的球队，2004年创立的新潟天鹅新加坡队也以外资球队身份参赛。

新加坡新潟天鹅队自创立之初就经营不顺，始终需要来自新潟天鹅日本本队运营上的支援。

2008年，是永大辅出任球队主席一职。其实此时球队已经面临退出联赛的危机，但他却完全不以为意。实际上，他在前往新加坡后切身感受到的，是相关人士"开始显露倦怠"。当时球队成立已有5个年头，大家的信心正逐渐下滑。

此时，是永先生做了一个重要的决定。

他选择不依靠母公司新潟天鹅，而是采取独立经营的方式。如果持续依赖新潟天鹅的支援，一旦母公司新潟天鹅陷入经营恶化，无论新加坡新潟天鹅队的状况好坏，都势必得退出联赛。

新加坡新潟天鹅队会这样轻易消失吗？——这是当时是永先生心中的疑问。

但是，想要力振萎靡的经营惨况并非易事。首先必须掌握症结点，思索可能的解决方法，进而予以执行。

于是，他便以独立经营预算为目标，开始进行重整。

即断力

就结果来看，是永先生成功改善了亏损连连的经营状况，球队的经营收入比他就任前提升了四五倍。到场观赛者人数也仅次于文莱队，在12支队伍中排名第二。如果考虑文莱队其实是太子队①这个事实的话，新加坡新潟天鹅队取得了相当亮眼的表现。

重整得以成功的原因，在于是永先生做出的三项决断，他聚焦于"培育有能力活跃于全球的选手"，立足新加坡本地的发展，并且扩大营收。

1. 设立足球学校、啦啦队学校

新加坡新潟天鹅设立了足球学校，现有约300名学生。加入足球学校的小朋友们，也因此开始和父母一起去观战，为负责上课的足球老师所属的队伍加油打气。啦啦队学校则是聘请日籍讲师教学，约有150名学生。

2. 打造娱乐俱乐部

位于球场旁的俱乐部中心依据新加坡的法规，设有吃

---

① 文莱王储为该球队的主席。

角子老虎机，也就是娱乐俱乐部。其实会去玩吃角子老虎机的客人多半不熟悉足球，但是因为球场距离市中心有一段距离，此举可以打造出一个让当地居民放松的空间，借此激发他们对足球的兴趣。如今 15 台吃角子老虎机一年进账达 3 亿日元。

3. 经营天鹅食堂

球场里有一家名为天鹅食堂、以日式料理为主的餐厅，其餐点在球场内各个地点出售。天鹅食堂的利润是球队相当重要的收入来源。

此外，出于维系队伍生活水平的考虑，新加坡新潟天鹅队给选手提供了足够的生活空间。选手们的薪水虽然不高，但俱乐部为选手们准备了共同生活空间——占地 110 平方米、三室两厅且备有游泳池的宿舍，这样的环境比起在日本来更能让球员们专注于赛事。

是永先生通过与地方团体的紧密联系，试图融入当地，为球队经营做出长远规划。过去有许多日商在亚洲金融危机爆发时退出新加坡，但是是永先生通过长期经营球队，在新加坡受到尊敬，同时也获得了成功。

新加坡新潟天鹅的是永先生所做的决策

在新加坡培育有能力活跃于全球的足球选手

子部层级
- 足球学校约300名学员
- 啦啦队学校约150名学员
- 娱乐俱乐部15台吃角子老虎机每年进账3亿日元
- 天鹅食堂

根部层级
- 拓展球迷数量
- 多元化经营

待解决的问题
- 提升营收以维持俱乐部型球队

实现"双向极端"可能性的全球策略

在新加坡的重整大获成功后,是永先生的挑战并未就此打住。

他计划在下一步跨出新加坡,拓展事业版图。下面就请大家试着化身为是永先生,猜猜看他会将事业版图拓展至何处。

> 问题:新加坡的重整大获成功,接着应该进军哪一国呢?
> 1. 位于中东地区、因为石油收入而资金雄厚的卡塔尔、阿拉伯联合酋长国

> 2. 足球热度普通的美国
> 3. 足球大国西班牙
> 4. 位于亚洲的足球弱国柬埔寨
> 5. 留在新加坡持续发展、扩张
> 6. 逆向输入至日本

正确答案有两个。

请先猜猜看是哪两个选项。尽可能不要靠直觉选择，而是思考出充分理由后再做决定。

你做好决定了吗？

那么就让我来揭晓答案。

是永先生实际上进军的是西班牙的巴塞罗那和柬埔寨的金边。答案非常出人意料，竟然是超级足球强国西班牙以及足球弱国柬埔寨。他究竟为何会选择进军这样两个足球环境极端的国家呢？

关于第一个选择西班牙，是永先生在2013年8月基于"培育有能力活跃于全球的人才"的理念，设立了巴塞罗那新潟天鹅。他的重点不在于培育职业足球选手，而是要将足球作为手段，培育出可以在国际社会畅行无阻的人才，也就是打造一种新型的足球留学事业。

由于这是全新的局面，也是全新的事业，自然有风险伴随，但是他在进军他国的速度上远比其他所有机构都来得快。

第一期招募的学生总数为 12 人，年龄分布于 20～28 岁。这些人将来的目标是进入足球相关企业，从事代理人、口译、教练或记者等与足球相关的工作。扣除伙食费的留学费用为一年 300 万日元，学校隶属于加泰罗尼亚足球联队第四队。学生们会通过去参观当地企业、举办球队的采访等活动，学习这个产业所必需的知识。

今后，投身全球足球产业的日本人人数将会更上一层楼，而因应此项需求而生的就是新型的留学课程。

是永先生说："能够畅行世界的两种手段，就是足球这门语言以及西班牙语。"这门课程最大的特点，是将西班牙语的学习融入足球这项沟通手段中，进而培育出能够走上世界舞台的日本人。

将西班牙语和葡萄牙语作为日常生活语言使用的总人口约为 7.5 亿人（西班牙语 5 亿人，葡萄牙语 2.5 亿人）。

只要学会说西班牙语，或许就能培育出将日本与世界联结的人才。

投资企业的"未来"

第二个选择是柬埔寨。是永先生自2014年1月起，在"迈向世界舞台的体育事业"这个理念支撑下，成立了金边新潟天鹅。参与柬埔寨足球联赛的12支队伍中，分别有一定额度的外国选手名额，各支队伍中都能看到隶属金边新潟天鹅的日本选手的身影。

但是，选择柬埔寨的理由究竟是什么呢？

进军柬埔寨最大的理由，是该国以首都金边为中心的投资发展环境已经趋于成熟。

柬埔寨目前在经济上有长足的发展，国内生产总值（GDP）也顺势增长。2014年，日本永旺集团的卖场

是永先生的决策

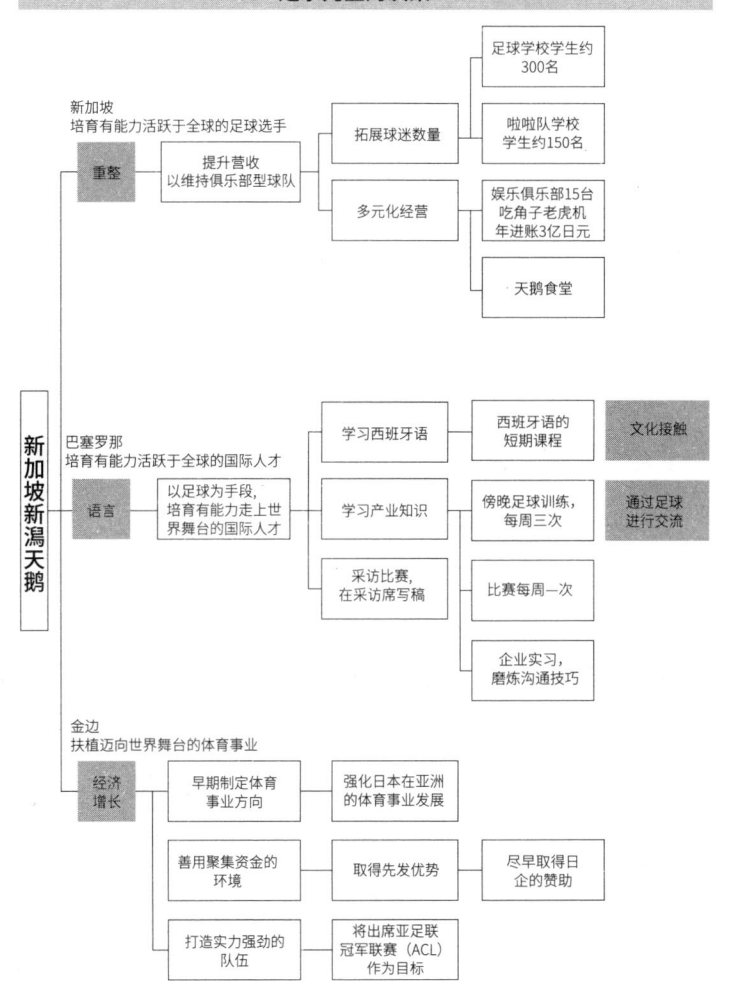

```
新加坡新潟天鹅
├─ 新加坡：培育有能力活跃于全球的足球选手
│  └─ 重整
│     └─ 提升营收（以维持俱乐部型球队）
│        ├─ 拓展球迷数量
│        │  ├─ 足球学校学生约300名
│        │  └─ 啦啦队学校学生约150名
│        └─ 多元化经营
│           ├─ 娱乐俱乐部15台吃角子老虎机 年进账3亿日元
│           └─ 天鹅食堂
│
├─ 巴塞罗那：培育有能力活跃于全球的国际人才
│  └─ 语言
│     └─ 以足球为手段，培育有能力走上世界舞台的国际人才
│        ├─ 学习西班牙语
│        │  └─ 西班牙语的短期课程 ── 文化接触
│        ├─ 学习产业知识
│        │  └─ 傍晚足球训练，每周三次 ── 通过足球进行交流
│        └─ 采访比赛，在采访席写稿
│           ├─ 比赛每周一次
│           └─ 企业实习，磨炼沟通技巧
│
└─ 金边：扶植迈向世界舞台的体育事业
   └─ 经济增长
      ├─ 早期制定体育事业方向
      │  └─ 强化日本在亚洲的体育事业发展
      ├─ 善用聚集资金的环境
      │  └─ 取得先发优势 ── 尽早取得日企的赞助
      └─ 打造实力强劲的队伍
         └─ 将出席亚足联冠军联赛（ACL）作为目标
```

（AEON MALL）也进驻金边，金边因此开始蓬勃发展。柬埔寨除了实质流通货币为美元以外，还有下列优势：

1. 允许以100%外资设立企业。
2. 企业获利可汇往海外。

金边利于海外企业进驻的环境，为经济发展带来莫大的贡献。

是永先生当初就是因为认定这样的经济发展条件有助于企业成长，所以很早就决定投身柬埔寨足球联赛。如果能够趁早培养队伍实力、稳固体育事业的方向，柬埔寨就会是日本俱乐部型球队在海外发展的前锋。提早冒险，就能取得先锋队伍才能享有的荣誉，将来也有机会获得超额回报。

另一方面，在是永先生经营足球学校以及球场获得成功后，下一步很有可能会有资本雄厚的企业也来分食体育事业这块版图。就亚洲范围来看，体育事业或许有可能成为日本将来前景可期的行业之一。

第四章
分析归纳，让目标明确化

别那么动辄得咎嘛!
凡事都想过头的话可是不行的。

——姆明谷的史力奇

獭祭高人气背后的一大决心

不知道你有没有听说过"獭祭"（DASSAI）这款日本酒？

这款酒是由一家位于山口县岩国市、名为旭酒造的酒厂所生产的日本酒。这款酒我时不时会喝上一杯，所谓"獭祭精碾二割三分"，指的正是将山田锦①酒米被精碾掉77%，只保留能提炼出最纯粹美味的部分，酿造出极品美

---

① 稻米的品种之一，主要用于酿造日本酒，是最适合用来制酒的代表稻米之一。

酒。这款酒香气十足，是相当好喝的纯米大吟酿①。不过旭酒造的事业并非从一开始就一帆风顺。

在过去，旭酒造主打的酒一直是名为"旭富士"的日本酒，但是这款酒始终无法在市场上打出名号。

旭酒造在岩国市的酒厂中销量屈居第四名，长期以来无法摆脱竞争上的劣势。也因此，他们开发出獭祭这款主销东京、不哗众取宠却有超高品质的新产品。在开发出獭祭后，这款酒和主力产品的旭富士同时销售了一段时期。

但是，旭酒造在1990年前后下定决心，他们决定不再生产普通的日本酒，把筹码全部赌在纯米大吟酿上。这个决定背后的缘起，是樱井社长参加了一场派对。派对上他喝了某大型酒厂生产的日本酒，那款酒不管是冷饮还是热饮都相当美味，当时他察觉到一件事：

"原来如此，这款酒是大酒厂的主力产品，所以不管是冷饮还是热饮都很美味。但我们只是

---

① 纯米大吟酿指的是大吟酿酒中不添加酿造酒精，只以米、米曲以及水作为原料所生产的日本酒，在日本酒中属最高等级。相较于一般添加了酿造酒精的大吟酿酒，纯米大吟酿香气更为浓郁，入口后余韵十足。

一家小酒厂,所以只需倾注全力在'冷饮酒'上即可。适合热饮的酒让别家酒厂去生产就好。"

——《逆境经营》(樱井博志)

樱井社长通过分类,将广泛的客户区分为喜欢冷饮纯米大吟酿和喜欢热饮日本酒的两类,并确立了旭酒造未来的经营方向。

只要确立了方向,就能将商品明确的特殊性深植于目标客户的脑海中,让他们认识到产品价值。达成这一点后,接下来就是启动让商品在竞争中得以脱颖而出的活动,而且越早采取行动收到的成效也将越大。以旭酒造的例子来说,作为酿酒原料的酒米,他们只选用山田锦一种。他们也不生产其他类型的酒,而是将自身定位为目标客户众多的纯米大吟酿酒厂,进而与其他酒厂做出区别。

进入 21 世纪后,旭富士的销量下降,生产成本甚至高于纯米大吟酿,变成亏本生意。虽然旭富士是从创始人手中代代传承下来的一款酒,但樱井社长却决定停止生产,舍弃旭富士,倾注所有心力推广獭祭这个品牌。

这个决策相当成功,即便世人可能不曾听说过旭酒

孤注一掷于"獭祭"的分析归纳

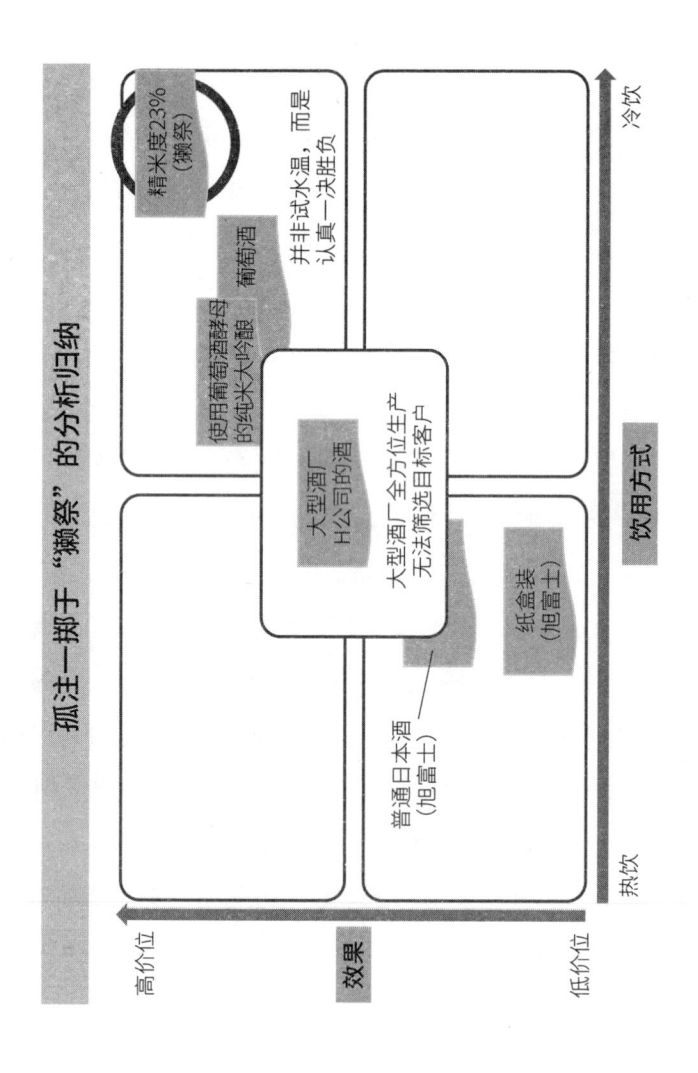

- 精米度23%（獭祭）
- 使用葡萄酒酵母的纯米大吟酿 → 葡萄酒
- 并非试水温，而是认真一决胜负
- 大型酒厂H公司的酒
- 大型酒厂全方位生产无法筛选目标客户
- 纸盒装（旭富士）
- 普通日本酒（旭富士）

效果：高价位 ／ 低价位

饮用方式：冷饮 ／ 热饮

造，但獭祭却是声名远播。

过去排名岩国市第四的酒厂，今日产品已经输出全世界20多个国家，此外，他们还于2014年夏天成功地在法国巴黎凯旋门附近的绝佳地段开设了獭祭巴黎店。顺带一提，巴黎的分公司名为"Dassai France"。

樱井社长正是以公司在消费者心目中的定位为判断基准进行决策，最后决定倾注全力，将獭祭这款酒作为主要产品，才赢得了今日的地位。

想在竞争中脱颖而出，就得靠自己归纳出决胜关键点

旭酒造之所以能获得成功，背后最主要的原因在于他们舍弃了老字号的"旭富士"，全力推广獭祭这个品牌。"舍弃"老字号产品，或许会让人觉得是相当冒险的抉择，但或许也正是如此，他们才能集中心力于獭祭并且发展顺利。他们的决定并非"先观望"，而是实时做出判断，可以说是此类决策成功的绝佳案例。

想必你应该也发现了，这次所举的例子跟先前所提到的通过"权衡取舍"以及"画树状图"所做的判断，有一些特征上的不同。

第四章 分析归纳，让目标明确化

如果樱井社长是通过权衡取舍以及画树状图来判断今后的事业方向，我想他或许不会获得如此大的成功。他很有可能还会误判，最终导致失败。

那么樱井社长究竟采取了什么样的决策方法？

答案是"分析归纳"。

正因为对这种决策的分析归纳拿捏得恰到好处，他才获得成功。

"但是先前所提到的权衡取舍和画树状图，不也是一种分析归纳的作业吗？"你或许会这么想。确实，确立比较的基准再做出抉择的权衡取舍，以及为达到特定目的，在归纳出根部层级后画树状图来做判断，都让人觉得终究都是"分析归纳"的作业。

但是，这些举动所针对的是在限定的选项中寻求解答的作业。

樱井社长所做的，则是在种类无限的日本酒中，锁定自己要一决胜负的关键点，并采取了相关的配套行动，才催生出了日本酒中一枝独秀的獭祭。

"分析归纳"这种判断方法立足于市场，和画树状图一样，适用于回报丰厚但选择无穷多的情况。

但是，其中有两点不同于画树状图：

1. 获得回报前会面临竞争。
2. 一旦误判将蒙受极大损失。

我在前面曾提到，回报越是丰厚，决策也就越复杂。如果决策不仅复杂，还存在大量分食回报的竞争对手的话，就必须拟定能胜出的策略。

此时，通过个人独特的判断，能让你在竞争中脱颖而出，并适用于这种带有竞争情境的，正是运用了营销手法之一的"分析归纳"。

或许你也可以把它想成是将树状图进一步策略化，并通过独到的判断来胜出的手段。

但是，也正是因为目的是要通过判断获取更高的回报，所以一旦误判的话，就有可能让自身（本企业）蒙受极大损失。以商场上的例子来说会比较容易理解，假设将预算投资到不对的地方，公司的营业额以及利润就会受到极大损失。

通过正确的判断来获取更高的回报

	权衡取舍	画树状图	分析归纳
回报	低	略高	高
可能选项	有限	无限	无限
竞争	无 （无负面效应）	无 （无负面效应）	有 （可能带来负面效应）
使用场合	进行二选一判断时	选项无限时	选项无限，同时存在争夺利益的竞争者

找工作或谈恋爱也一样，为达到目标必须投资时间与金钱，因为误判导致失败时，将会蒙受一定程度的损失。

为了不出现这样的局面，并做出自己最有把握的选择，所使用的方法便是"分析归纳"。

以上说明了该如何区分使用权衡取舍、画树状图或是分析归纳的场合，如果能参考前页的表格，相信你会有更明确的认识。

前面我不断提到在决策过程中速度最为重要。

假设判断不变，唯有速度变慢，风险也会随之提升。理由在于会有以下四个因素产生：

1. 时间成本提升。
2. 进行决策的环境发生变化。
3. 回报的价值发生变化。
4. 外部人士介入导致风险产生。

进行高风险、高回报的决策时，一般而言只要慎重考虑，决策速度就会变慢。若说画树状图是一种"淘选"的作业，分析归纳所做的首先便是将无限的可能选项分类，

第四章 分析归纳，让目标明确化

接着选定要借以一决胜负的独特基本点。所以即便实际执行起来颇费时间，也有其必要。

但是，如果因此而认为"耗费时间也无妨"，那就大错特错了。

正因为耗费时间，所以相较于权衡取舍以及画树状图这样的判断方法，分析归纳速度上的差别将带来巨大差异，成为制造你与竞争对手之间命运分水岭的关键因素。

在习惯这个方法以前你或许会觉得费事，但是花时间进行"分析归纳"的话，你会比其他人（其他企业）能更快速地做决策，让你的判断足以称得上是"实时判断"。

忘年会是一场"高风险、高回报"之战?!

现在,我们来试着解决一个问题吧。

"当你被指派为忘年会①的筹办人时,你会如何安排行程?又会怎么规划?"

一般公司职员或是学生在岁末年终之际,可能会被公司指派为忘年会的筹办人。碰到出席人数多的情况,难度

---

① 忘年会是日本企业在每年年底举行的传统活动,大家会在聚会中回顾过去一年的成绩,一同迎接新年的挑战。忘年会一般以宴会的形式在居酒屋举行,和中国年会不同的是,忘年会通常虽由公司出资补助,但员工也经常需要自掏腰包,并且由新员工负责表演节目,为聚会助兴。

又会增加，其中最令人烦恼的就是场地的挑选了，原因在于需要考虑预算。

因为忘年会一般需要员工支出一定的费用，所以，如果同为忘年会出席者之一的上司对你抱以期待，就更会增添筹办的难度。

> "对了，忘年会的花费比起一般的聚会费用多很多，今年理所当然会办得很热闹吧？"

一旦背负了这种期待，就只能"在预算内尽最大努力让所有人尽兴"。其实这种筹备能力与工作联结之处出奇地多，所以忘年会也是展现自己身为筹办人能力的绝佳时机。

举办地点选得不好，就会在预算上或是出席者的情绪上引发负面效应。

不仅是场地，还有菜品、饮品、奖品等，其中只要有一项让人觉得出了"差错"，就会搞砸这次难得的忘年会。

候选场地、菜品、饮品、奖品等组合无限多，出席者的满意度会依据上述组合而改变，他们对筹办人的评价也

如何炒热年会气氛（练习题）

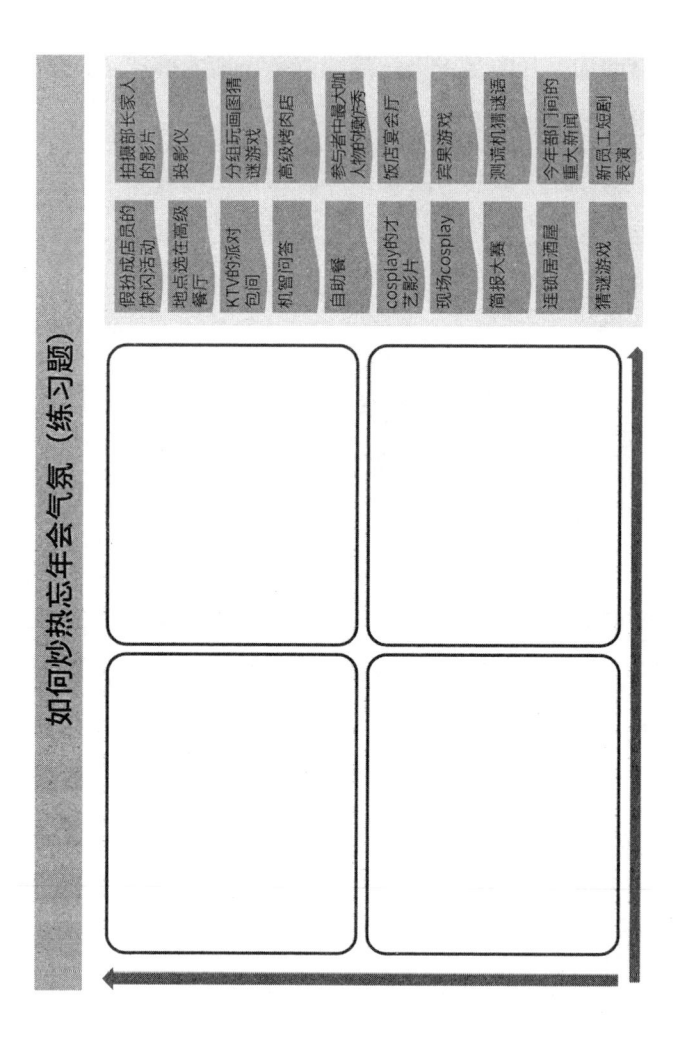

标签（上排）：
- 拍摄部长家人的影片
- 投影仪
- 分组玩画图猜谜游戏
- 高级烤肉店
- 参与者中最大咖人物的模仿秀
- 饭店宴会厅
- 宾果游戏
- 测谎机猜谜话
- 今年部门的重大新闻
- 新员工短剧表演

标签（下排）：
- 假扮成店员的快闪活动
- 地点选在高级餐厅
- KTV的派对包间
- 机智问答
- 自助餐
- cosplay的才艺影片
- 现场cosplay
- 简报大赛
- 连锁居酒屋
- 猜谜游戏

第四章 分析归纳，让目标明确化

会随之发生改变，就这点来说，为忘年会选择场地堪称是"高风险、高回报"的任务。

不光是忘年会，职场上的其他事情也经常涉及预算的问题，比如，拟定工作计划并执行，如何从中获取最大利益。我希望读者们不要忽视忘年会，要在确立预算后，尽量发挥自身最大的能力。

当然，碰到这种情况，"分析归纳"是最佳且最快的判断手段。

前面絮叨了很多，那实际上该如何解决问题呢？

如果要通过分析归纳来规划忘年会，你会怎么拟定呢？请试着在上页图的空白处写下可作为分类依据的"基准"，并试着针对不同项目去思考。

只要确立纵轴和横轴，答案就会立即清晰浮现

不知道你采用了哪种依据作为判断的两个基准？

可能的判断基准包括了"预算""地点""酒类饮品的种类""场地的宽敞度""设备""助兴节目"等，将它们进行组合的话，就会产生各式各样的分类。

那么，这种情况下最恰当的两个判断基准是什么？

答案其实有很多，我在这里介绍其中之一。

如前面所述，可能的判断基准有好几种。但是，将它们全部进行组合的话，只会拖延判断速度，从结果来看不可能获得最大利益。

预算不可能无上限，场地的高级程度或是助兴节目的

效果也有其极限，时间也是有限的，所以我综合了以上条件，将"执行难易度"设定为判断的横轴。

另一方面，我将助兴节目是否能让所有人产生"同乐感"设定为判断的纵轴。

因而横轴是"执行难易度"，纵轴是"同乐感"。

"猜谜""cosplay"或"宾果游戏"相对来说是每个人都能玩得开心的助兴节目。"分组画图猜谜""机智问答"或者是之前流行过一段时间的"快闪"等节目，可以通过这些节目来活跃现场气氛，并自然而然地营造出激发对话的"同乐感"。

在分析归纳后，我决定要营造一场可以体验到"同乐感"的忘年会。

这么一来，如果要将场地选在连锁居酒屋，就只能跟坐在附近的人说话，也就无法营造出"同乐感"，所以不在考虑范围。如果在高级烤肉店举办，想必大家能聊得很开心，可以营造出"同乐感"。但是，考虑到预算的话，就会在执行上有困难。

如此一来，就必须进一步分析归纳出执行度高，同时又能营造出"同乐感"的场地。

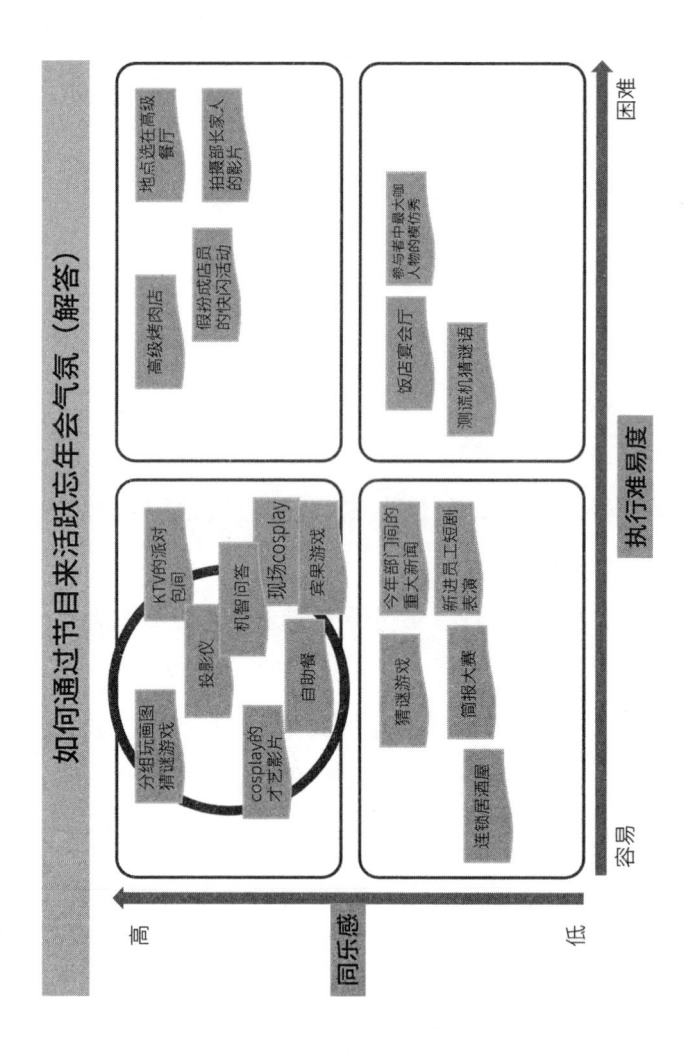

如何通过节目来活跃年会气氛（解答）

同乐感 高 / 低　　**执行难易度 容易 / 困难**

左上象限（高同乐感，容易）：
- 分组玩画图猜谜游戏
- KTV的派对包间
- 投影仪
- 机智问答
- 现场cosplay
- 苹果游戏
- 自助榜
- cosplay的才艺影片

左下象限（低同乐感，容易）：
- 猜谜游戏
- 今年部门的重大新闻
- 新进员工短剧表演
- 简报大赛
- 连锁居酒屋

右上象限（高同乐感，困难）：
- 地点选在高级餐厅
- 拍摄部长家人的影片
- 高级烤肉店
- 假扮成店员的快闪活动

右下象限（低同乐感，困难）：
- 饭店宴会厅
- 参与者中最大咖人物的模仿秀
- 测谎机猜谜语

第四章 分析归纳，让目标明确化

分析归纳的典型程序如下：

用专业术语来说就是"回报矩阵"（payoff matrix），它是一种设定出纵横轴、分类出四个象限的思考术。

就像负责忘年会的筹办人一样，如果进行决策时条件数不胜数的话，通过以下程序来处理，就能轻松整合归纳。

1. 准备便利贴。
2. 以"如何通过节目来活跃忘年会气氛"为题，将想到的大量点子写到便利贴上，"天外飞来一笔"的点子也没关系。
3. 设定能达成目标的两个判断基准，画出四个象限。
4. 将点子分类至各象限中。
5. 分析归纳出效果最佳的"决胜区"，采用该象限中贴上去的点子。

请注意上一页图中有个画圆圈的部分。

几位筹办人将点子写到便利贴上，采纳的便是圆圈中的部分。场地最终定为KTV的派对包厢，因为KTV的餐点选择比较多，大家经过充分考虑，采用了座位不固定的自助餐形式。这个场地不用说一定有麦克风，会场内也备有投影仪和屏幕，加上场地宽敞，非常有利于空间规划。

这样的安排，似乎相当适合规划播放大家展示才艺的影片、画图猜谜游戏或机智问答，让出席者即便面对平时不熟的人，也能彼此笑开怀、心满意足。

这种设定两个判断轴、进一步分析归纳的决策方法，因为诉诸视觉，所以可以轻松且快速地整理归纳，在多人讨论的情况下，是较为有效的一种手段。

做一个"勇敢的决策者"

忘年会的目标就是"如何在有限的预算内让所有人都尽兴"。

谨记这个目标,并且通过确立"同乐感"这种独特的价值,所能创造出的价值将会明显不同于办在随处可见的居酒屋,然后上演照本宣科的助兴节目的忘年会。毫无疑问,这种价值会直接牵动参与者的满意度,也深深影响大家对忘年会筹办人的评价。

即便最后失败了,一开始勇于以自己的方法挑战这一点,也会大受好评。

在商场上要拟定推动某一项事业或计划时,若能从一开始就创造出个人独特的价值，并据此进行挑战的话，无论成败，这项举动本身都会获得好评，可以说是能够轻松获得最大利益的方法。

所以说，最重要的就是去承担割舍其他选项的风险，比所有人都要更快地做出"实时判断"。

所谓结果，在最初做出"实时判断"的节骨眼上就已见分晓，这么说一点也不为过。

我在本章开头举了旭酒造樱井社长的例子，我想他或许就是利用了这种象限分类的方法来做判断的。

虽然我不曾实际向他请教："您是不是用了这种象限分类的方法来做决策？"不过，做"实时判断"时只要运用了象限分类法，就可以回避最大的风险，在承担最小风险的情况下让你做出"勇敢的决策"。

也就是说，在应该承担的风险与应该回避的风险中取得最佳平衡状态的思考术，就是采用"象限思考"的方法。

越早锁定工作的专业性，成果越大

大家应该还记得我在本书第二章介绍过的吉田凪吧。她也是因为及早进行了"分析归纳"而成功的人。

以她的情况来说，在选择工作时（职业的专业度），是通过以下两个判断基准来划分象限的：

1. 横轴："罕见度"
2. 纵轴："拍摄对象"

首先要通过这两个判断轴划分出象限，接着她所做出的抉择是"罕见度高的人物"。

她选择的"罕见度高的人物"是"非洲裸体族女性"，

但是想要拍出她们"发自内心的笑容"并非一件易事。当时，她所考量的是"自尊心与作品"之间的权衡取舍，或者也可以说是"危险与作品"之间的权衡取舍。

她先是决定自己的决胜区，再从众多选择中，采取这个决胜区内能够带来成功的必要手段。

对她本人来说，这或许不是什么需要勇气的大事，但我认为她借由脱光衣服来融入裸体族女性进行拍摄这件事，已经超越一般摄影师，到达另一种境界。

她决定放手一搏的方向因为属于高风险、高回报的范畴，所以或许无法贴近一般大众的口味。

但是，与其做一个随处可见的平凡摄影师，选择成为一位持续拍摄非洲裸体族女性的摄影师，在该领域中勇往直前，将来获得关注的可能性应该会更高。

对大部分的摄影师来说，能在某特定领域中拍出高质量的好照片，而非让自己埋没于毫无指望的领域，就有相当的可能性获得非凡的成功。

我认为，她是因为从一开始就做了一个"实时判断"，决心不做风险低的选择，即早早回避无法出人头地的风险——也就是被埋没的风险，才能年纪轻轻就获得今日的成就。

吉田凪的分析归纳

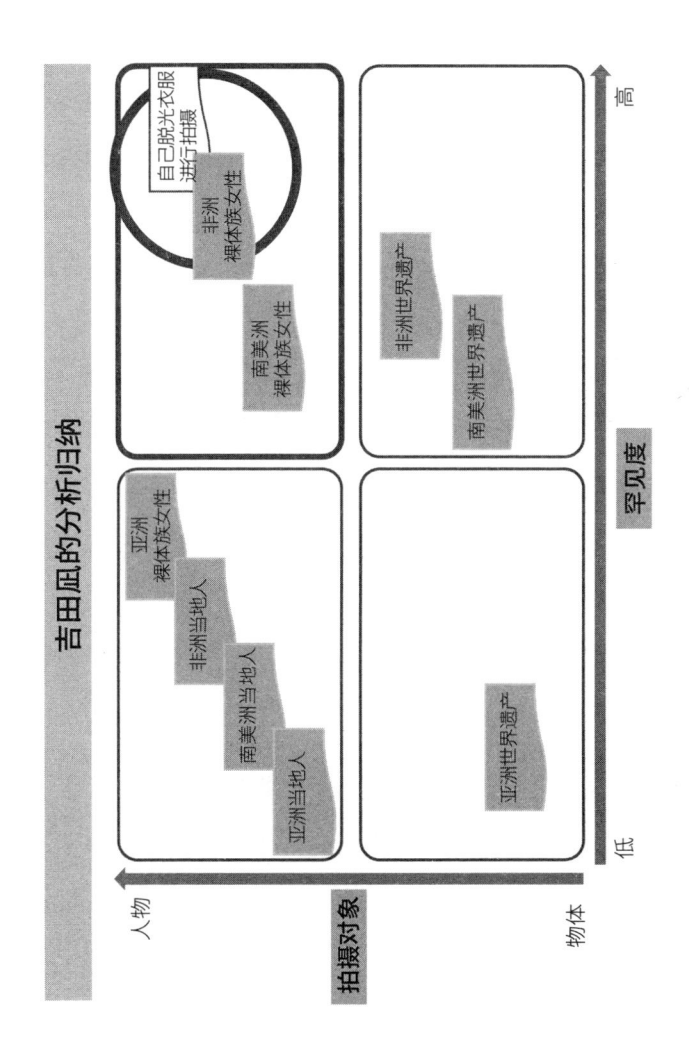

拍摄对象

人物
- 亚洲裸体族女性
- 非洲当地人
- 南美洲当地人
- 亚洲当地人
- 南美洲裸体族女性
- 非洲裸体族女性（自己脱光衣服进行拍摄）

物体
- 亚洲世界遗产
- 非洲世界遗产
- 南美洲世界遗产

罕见度：低 → 高

将决策工具"合体",加快解决问题的速度

我在前面曾提过,比如找工作或进行婚活①等,在开始投身一件新事物时,"分析归纳"是相当有效的方法。其实,不仅是这种"一决胜负型"的情况,像针对业绩有问题的企业,从业绩整体面找出症结点、决定日后策略的"解决问题型"的情况中,"分析归纳"也相当好用。

在"解决问题型"的情况中,基本上因为进行决策的出发点是处于一种"负面"的状态,需要采取的并非只是

---

① "结婚活动"的简称,在日本泛指单身男女为了达成结婚这个人生目标所采取的积极行动,具体包括参加联谊、向婚姻介绍中心咨询或登录结婚网站等。

找出症结点,带来改变的动力也不可或缺。所以,要想提高决策"成功"的概率,你评断事物好坏的眼光也必须更加精准。

处于这种状况时,若没有能够依赖的工具或思考方法,再加上判断力不够精准的话,将难以做出决策。

但也正是在这种情况下,若能善用决策工具、和他人做出明确区分,所得到的答案就能打破困境。

首要任务是找出症结点。

此时要做的就是先画树状图,只要确立"根部层级",其余细节部分(具体的问题症结)就会自然浮现,这样做适用于理清问题。

销售业绩的问题究竟是出在地区上、商品上、开发新客群上,还是既有客户的销量上?这样分析后,症结点会自动浮现,之后要做的就是针对问题症结"分析归纳"出个人独到的决胜点,接下来该做怎样的选择就会一清二楚。

这就是组合了树状图与分析归纳的方法。

虽然是左右公司命运的"解决问题型"决策,但是只需结合这两个方法,就能自然而然地找出答案。

在此也给读者们做个参考,若以市场营销的观点来看,在进行决策前,存在以下课题:开发出更能吸引购买力的商品、使商品销售更具效率以及决定商品普及的顺序。

目标客户不可能全部在同一时间买下商品。有人会马上买,也有人会晚点买,还有人是很久以后才会买。

正是因为不同的客户有不同的消费倾向,企业推出的商品才会慢慢渗透入市场。

要在哪里(place)用多高的售价(price),采用怎样的营销方法(promotion)出售何种商品(product),被称为"营销4P",而决定这4P的内容我们称之为营销组合(Marketing mix)。

因为这本书谈的是决策,营销内容就此打住。在杜拉克的定义中,营销的功能是让销售变得多余,这句话越是琢磨就越让我们感到其中的精深,让人不禁感叹营销的"魔力"。

为什么那所大学的报考人数居全日本之冠?

接下来,在本章的最后让我来介绍日本某大学的实例。

问题:报考人数可谓大学人气度的指标之一,近年来,报考人数大幅增加的学校为下列哪所?

> 1. 东京大学 2. 京都大学 3. 大阪大学 4. 一桥大学 5. 早稻田大学 6. 庆应义塾大学 7. 明治大学 8. 关西大学 9. 近畿大学

该大学由于决心将经营资源集中于某处,因而成功实施改革,提升了报考人数。

即断力

顺带一提，将1994年与2014年大学应试主要对象的18岁人口进行比较的话，减少了36.5%。因此，按常理来判断，报考人数应该是逐年递减才对。在这些学校中，你若能想到哪所学校成功制造了话题、增加了报考学生人数的话，就离正确答案不远了。

关键提示是女学生以及形象扭转。

想必你应该有一些头绪了。正确答案是近畿大学。

"近大黑鲔鱼""近畿大学水产研究中心餐厅""红魽鲹、青魽鲹、纵带鲹等产自近大的养殖鱼""成立新学系综合社会学系""比男厕宽敞两倍的干净女厕""环保的在线报名""英语村E3"等。

上述这些不过是已落实的改革计划中的几个关键词。近畿大学预先着眼于将来18岁人口的减少，很早就意识到应该改革。18岁人口数量将会在2018年开始下降，到2031年为止，预估将会减少33万人。也就是所谓的"2018年问题"。对于大学而言，这是生死攸关的课题，迟早都会被迫进行改革。

2015年大学报考人数排行榜

单位：人

排名	大学	2015年	较前一年增加
1	近畿大学	113705	7815
2	明治大学	105492	20
3	早稻田大学	103404	1930
4	法政大学	93986	822
5	日本大学	93123	3716
6	立命馆大学	87123	773
7	东洋大学	83407	21050
8	关西大学	82941	1307
9	中央大学	69047	2870
10	立教大学	66351	2417

近畿大学是位于大阪的地区大学，过去深植人心的印象是男生多、校风阳刚、极为普通的一所学校。拳击、相扑、棒球的实力强劲，是一所会让人联想到强悍男生的代表性学校，在2006年时该校的报考人数掉到只剩72910人。

即断力

为了扭转报考人数逐年递减的局面,近畿大学分析归纳出"当务之急",将目标锁定在扭转学校形象以及吸引女学生上。确立方向后,校方人员团结一致致力于改革,最后成功提升了报考人数。

这样的方法其实并非仅限于大学。只要通过分析归纳确立目标,默默无闻的公司也能做出提升业绩的决策。

越是花时间去烦恼，问题就会变得越复杂

  对大学而言，面对竞争对手时该如何凸显自身的独特性、决定采取哪种创造价值的方式，体现在来这所大学报考的人数。以我们个人层面来说的话，就是确立人生蓝图的轴心。

  为了不让此轴心在路途上摆荡不定，我希望你能以自己的"思考"来"判断"。

  或许你会烦恼，但只要了解解决问题与判断的机制，并掌握有效方法的话，烦恼就会惊人地一个接着一个轻易解决。

  希望大家留心的一点是，越是拖延解决烦恼的时间，

问题就会变得越复杂。马上道歉就能平息的事，结果因为纠结导致自己后来被骂得惨兮兮的经历，我想大部分人都遇到过。

不管是要解决问题，还是决定未来的人生方向，越是拖延时间，情况就会变得越复杂。而情况变得越复杂，就越会往高风险、低回报的方向发展。

希望大家再一次回想。

做决策、做判断之际，掌握针对不同状况的解决方法固然重要，但最重要的还是保持速度。

不要只想着做"判断"，而是要有意识地做"实时判断"。最重要的是养成这样的习惯。

希望大家能谨记这一点。

尽管决定午餐要吃什么微不足道，但若能意识到这样的判断并且快速执行，就能提升"实时判断"的质量，获得动力，将人生推向正确的轴心。

第五章 在与竞争对手的「过招」间胜出

机会无法累积。

——亨利·基辛格

（美国前国务卿）

大型连锁牛丼[①]店的削价竞争是这样来的

　　截至目前,针对不同状况所使用的决策工具有四种。想要达成决策的话,这些工具是能够针对不同状况的有效手段,也是做"实时判断"所必需的技巧。

　　1. 进行比较(基本)。
　　2. 权衡取舍。
　　3. 画树状图。
　　4. 分析归纳。

---

① 丼,为古汉语,日本自唐后引入。丼物,指在以碗盛装的饭上浇盖各式食材的日本庶民料理。

涉及某状况的人物或选择是一个还是多个这一点将改变局势，因而该采取的手段也会有所不同。

但这都还是竞争对手影响较小的情况，最为复杂的决策产生于竞争对手影响较大的情况下，此时所做的判断可谓高手间的"过招"。

在这种情况下，必须判断自己相较于他人究竟是处于优势还是劣势。

也因为这种情况相当复杂，所以不是非懂不可。只要学会了本章之前的四个决策工具，就能充分建立可以帮助你养成"实时判断"的习惯。

只是，要说我们在日常生活中绝对不会碰到含有"过招成分"的决策倒也不尽然，甚至可以说这种情况层出不穷。因此，虽然毋须深入了解，但只要"知道"有这样的情况，在实际生活中碰到时，就会有基本的心理准备，所以还是希望大家能简单过目一下。

为了获取利益而必须与竞争对手过招时，务必先预测对方的动向再进行决策。此时，最有效的思考方式是"博弈论"。所谓博弈论，指的是在有多位当事人，而且彼此的行动会产生相互牵制的情况下，如何做出最适当决策的一种理论。简单来说，就是在两者或两者以上的范围内进行决策的一种竞争。

下面举大型连锁牛丼店的削价竞争的例子作为讲解。

每当有哪间连锁牛丼店降价时，总是会成为新闻话题。

这个问题如果把它想成是连锁牛丼店之间"争夺客人的竞争"，应该就会变得相当容易理解。照理来说，如果各家店的目的是将利益最大化，应该是不会轻易降低价格的。

一碗牛丼若是单价下降，或许会因为销售碗数的增加而拉抬整体业绩，但是却会降低利润率。如果做出一碗牛丼的成本不变，但价格却下降，就等于压低了原本可以获取的利润空间。

就现况来看，在各家连锁牛丼店努力不懈的经营下，以牛丼本身的口味来说其实不分轩轾。如此一来，对顾客来说，吸引人的点就在于"价格"。这一点各家店都心知肚明，他们考虑到若不降价，客人就会流向其他牛丼店，因而做出削价竞争的决策。

如果没有其他牛丼店存在的话，只要维持合理价格就没有问题，既没有必要特地降价，也不可能降价。又或者，即便有其他店家存在，只要彼此都维持合理价格，就不会只有某一方独赢，大家也能确保一定的利益。

但是，现实情况是有其他店家存在，同时其他店家还出招压缩自家店的利润率。

这样导致的结果是对手之间的过招就此产生，为了吸引顾客、提升牛丼销量，各店家陷入不惜压低利润率也要降价的两难困境。

这种被迫降价的局面，不管对哪家公司来说都绝非好事。

近年来，原料价格上涨，各家公司决定按照比例涨价，并开始推出给人高品质印象的产品。

对于当事人而言，这样严苛的现实让他们被迫做出"生死攸关"的判断，就事例上来看，堪称是含有过招成分在内的决策赛局。

一味追求利益反而吃亏的吊诡博弈论

如果只是单纯用理论解释，我想大家或许还是一头雾水。因此，我想在此介绍博弈论中最为著名的"囚犯困境"。

在连锁牛丼店的事例中，明明大家只要达成共识，利益就能得到一定的保障，结果却因为各店家为了追求自身利益而降价，让竞争对手迫于经营压力而不得不跟着降价，引发削价竞争的两难局面。

"囚犯困境"叙述的也是在面临两难的不利条件下做出决策的例子。请看下文。

两位囚犯 A 和 B 因为犯罪嫌疑而遭收押审讯，现在

即断力

他们被迫要在保持缄默或自首之间做出选择。0、3、7、10这几个数字分别代表了每个选择背后的"刑期",0代表的是"无罪释放"。

对于囚犯而言无罪释放是最大的"回报"（有利）,判刑10年则是最小的"回报"（不利）。

让我来进一步说明吧。

这两位囚犯被认为是某桩犯罪事件的共犯,正在接受审讯。无论如何都想让他们自首的警官,给予了两人"某种特殊条件"。

1. 目前证据确凿,若两人都保持缄默的话,将各被判刑3年。

2. 若其中一方保持缄默,但另一方选择自首的话,自首的人将被法外开恩无罪释放,而保持缄默的一方则被判刑10年。

3. 但若两人都选择自首的话,各被判刑7年。

若是你碰到这种情况,会怎么选择?

以选择来说,只有两种可能,第一种是双方取得共识

囚犯困境

	囚犯B 缄默	囚犯B 自首
囚犯A 缄默	(3、3) 囚犯A 刑期3年 (3) 囚犯B 刑期3年 (3)	(10、0) 囚犯A 刑期10年 (10) 囚犯B 刑期0年 (0)
囚犯A 自首	(0、10) 囚犯A 刑期0年 (0) 囚犯B 刑期10年 (10)	(7、7) 囚犯A 刑期7年 (7) 囚犯B 刑期7年 (7)

保持缄默，第二种是背叛对方选择自首。

但是因为两人是同时被逮捕，并且分别关押在不同房间审讯，因此囚犯 A 与囚犯 B 无法得知对方的选择。

此时的关键在于，被迫在不知道对方会如何抉择的状态下做出决策。不知道对方会怎么做的话，就只能先预测对方的选择再做决策。

这种情况下，该如何选择才会最恰当？

让我们站在囚犯 A 的立场来思考看吧。

囚犯 B 保持缄默的情况

1. 囚犯 A 自首：无罪释放
2. 囚犯 A 缄默：判刑 3 年

囚犯 B 选择自首的情况

1. 囚犯 A 自首：判刑 7 年
2. 囚犯 A 缄默：判刑 10 年

想必你已经知道答案了吧。

不管囚犯 B 是保持缄默还是选择自首，对囚犯 A 来说，选择自首都是比较有利的。

也因此，可以说选择"自首"对囚犯A来说是最佳的决定，对于囚犯B来说也是如此，所以囚犯B也会自首。这样一来，最后就会演变成两人都选择自首而各被判刑7年的不利结果。

这正是"囚犯困境"中既复杂又有趣的部分。

最理想的状况应该是两人都选择保持缄默，获得一定的利益（判刑3年）。如此一来，两人之间的信赖关系也会更加稳固。

但是，因为不知道对方动向所产生的恐惧，以及多少想要拿到好处、减轻刑责的心理作祟，会使两人陷入两难局面，结果他们还是会选择能够确保自身利益的自首。

若两人都选择自首的话，除了7年刑期外，还会产生信赖关系瓦解这种负面效应。

或许两人曾事先讨论，协议"要是被抓了绝对要保持缄默"。但是被捕后，彼此处于看不到对方的状况，比起对方还是会优先考虑自身利益。

连锁牛丼店的削价竞争也是如此，本想扩大自身的利益结果却吃了亏，真的是非常吊诡。

过招会影响决策速度，并带来天壤之别的结果

博弈论的相关论述非常多，当然它也是一种思考术，能帮助你做"实时判断"，降低因为拖延时间所带来的风险，并将利益放到最大。甚至可以说，因为整个状况牵涉了"过招"这个复杂的因素，更会使判断的"快"或"慢"深刻影响得到的回报。

稍加比较的话，截至目前我所介绍的方法如下面图表所示。

影响决策速度的"过招"方法

	权衡取舍	画树状图	分析归纳	博弈论
回报	低	略高	高	高
可能选项	有限	无限	无限	无限
竞争	无 （无负面效应）	无 （无负面效应）	有 （可能带来负面效应）	有 （会被对手牵制）
使用场合	进行二选一判断时	选项无限时	选项无限，同时存在争夺利益的竞争者	对手的选择将影响自己的选择和利益

"不过话说回来，在我们日常生活中有可能碰上用到博弈论的场合吗？"

我所介绍的例子是连锁牛丼店以及囚犯困境，也许会有读者这么想。其实，这种牵涉"过招"的判断，说起来还不少。

举个例子，当你想要抢购促销商品时，假设你的目标是大受欢迎的"限量商品"，那么商品就有可能因为被抢购而销售一空。要不要去买？几点去买？到哪一家分店买？类似的选择不胜枚举。

若你心想"去涩谷店的话应该九点到就没问题"，假设其他人是从八点就开始排队，那么你就会买不到，因此这个决定并不恰当。但假设其他人到了九点都还没去排队的话，这个决定就可以说是非常正确的。

虽然所选择的行动相同，但却会因为对手的动向而导致"成功"或"失败"。如果能知道对手会采取哪种行动当然最好不过。不知道的话，就要培养自己"预测"的习惯，先预测对手的策略、行动后再做判断。这样能提升你的决策速度，同时将风险降到最低，并将利益放到最大。

比起追求"最大的利益",高手更看重"一定的利益"

还有一个更简单的例子,就是几个朋友一起去家庭餐厅吃饭,结账时大家"平分"的情况。

姑且假设是10位学生一起去了家庭餐厅。

店家告诉他们,结账时请一起结,不要分开结。于是这群人中总是担任领头羊的那个人提出建议:"如果是要一起结的话,算钱很麻烦,结账金额就由大家平分吧。"

结果,在决定要平分时,大家心里就分别开始盘算,陷入一种"不要吃得比平分金额少"的心理状态。

人类的心理真的非常奇妙,一旦开始想着不要吃得比平分金额少时，点的餐就会比当初决定要点的贵上一些。也就是说，为了不吃得比平分的钱少，会改点比较贵的和牛牛排，而不是和风汉堡排。

当然，因为在场的所有人都是这么想的，结果端上桌的全是比起原先要点的再贵上一些的昂贵餐点。因为是平分的关系，所以在这场赛局中，吃得比平分金额多会比较划算。

但结果会如何呢？

我想你应该已经猜到了，因为大家都不想吃得比支付金额少，结果结账金额飙高。这其实是最坏的结果。

如果只有自己一个人点的话，点的就会是汉堡排，结账时就会是正常的金额。但是，因为每个人心里都盘算着不能吃亏，并根据这样的心理行动，结果造成每个人支付的钱都超过原本的预算。

连锁牛丼店的削价竞争、囚犯困境以及日常生活中的算计，这些事例背后都只是单纯想要追求个人利益的最大化，结果却引来最坏的结果。如果对于这一点有些许认识的话，多少会有一些帮助。

上一节所提到的购物例子中，如果抢夺限定商品的竞争越演越烈,那么不管提前多久去排队似乎都会排不到。也因此,必须有一条清楚的界线,店家也必须在适当范围内制定游戏规则。

以平分结账金额这个例子来说,假设在提议大家平分结账金额的同时,再制定一个"饮料酒水各自负担"的规则,或许会是一个正确的选择,能避免竞争越演越烈。

避免激化与竞争对手之间的竞争,才能确保一定的利益。这一点是许多杰出商场高手时时谨记在心的观念。如果可以培养出这样的观念,碰到再复杂的情况也能"实时判断",做出正确的抉择,取得成功。

不要想着赢,要想着不能输

不知道你有没有听说过百乐餐派对?也就是自备料理的派对。

> **邀请函**
> 一年一度于丰洲[①]摩天大楼所举办的百乐餐派对即将到来。我们承租下位于 40 层楼的场地,让你在进行交流的同时得以饱览夜景。参加费为每人 3000 日元。光临之际请携带一道料理,菜色不拘。你所准备的任何料理我们都由衷欢迎,尚请大驾光临。

---
① 地名,位于东京都江东区。往昔为工业区,但在规划与大规模开发后,现为中高层住宅大楼与商业大楼群集的地区。

第五章 在与竞争对手的"过招"间胜出

老实说,我参加过好几次百乐餐派对,但就是不习惯。因为完全不知道其他参加者会花多少钱、带什么样的料理出席。

因为邀请函中写了,每个人只要带一道料理,随便什么料理都可以,面对这种随兴的邀约我傻傻地信以为真,曾经带了很不起眼的章鱼烧赴邀,前往位于摩天大楼、夜景一流的豪华派对会场。

到了会场一看,在带什么料理都可以的前提下,有人带的显然就是在百货公司地下街出售的昂贵配菜和红酒,还有人带了三四道菜。明显就是一个互相较劲的场面。

虽然我带的是章鱼烧,倒也没有人说三道四,但我还是不停地直冒冷汗。

"不是说带什么都没关系的吗?这跟说好的根本就不一样啊!"

尽管我在内心如此呐喊,但也已经于事无补了。

不仅如此,邀请函中还提到不需要盛装出席,所以我穿了运动外套,结果到场的人全都穿西装打领带。看到这个场面，我的身体、心灵以及章鱼烧都瞬间冷透了。

我不是小气，也不是想偷懒，只是漫不经心地在"带什么去都可以"的情况下赴邀，赴邀的结果就变成这样了。而且，我完全以为现场理所当然会备有纸盘或纸杯，结果甚至连自己用的筷子都没有准备。

这一次百乐餐派对的经验让我认识到，揣摩主办方举办派对背后的目的的重要性。而且赴约的人也希望自己带的菜不要跟其他人重复，菜色的丰盛度也要比其他参加者稍微豪华一点点。

不过老实说，这个"一点点"背后的学问也不简单。

后来，我因为每次都带还算不错的菜过去，花费会比参加一般派对要多一些。这是为了不让自己在受邀时，再次体会到带章鱼烧过去时那种心灰意冷的感受，所以要思考清楚再做准备。

或许，其他参加者的想法也都大同小异——并不想在这个互相较劲的场合中胜出，但也希望至少不要输给别人。

我这里提到的博弈论和我先前在各章中介绍到的决策方法不同，必须去衡量对手会如何出招。只要能深入了解这一点，就不仅可以预测对手的想法，随时做出最适当的判断，还可以"诱导"对手的行动。

1. 在餐厅中引导客人点餐。
2. 求职面试。
3. 大学招生广告。
4. 联谊时的个人形象管理。

上述例子只是列举一小部分而已。

古巴危机、连锁牛丼店的削价竞争、啤酒产业的市场占有率争夺战……除了应用于国家或企业间的竞争外，夫妻争吵或考虑求婚时，究竟是该按兵不动还是先发制人，博弈论都能提供解决的方向。

如果运用专门的算式难度又会更上一层，但只要学会善用这种思考术，就能在日常生活中有效利用。

博弈论是二人在平等的对局中各自利用对方的策略、变换自己的对抗策略、达到取胜的目的。因此当你面对存在着竞争对手，并试图要让利益最大化的处境时，务必要试着学习如何利用博弈论做决策以预测对手的动向。

第六章 建立『实时判断』的日常生活习惯

没想到人是可以被习惯改变的动物!

——《维洛那二绅士》,莎士比亚

快速决定每天午餐吃什么

在第一章我向大家介绍了《孤独的美食家》中的例子。

"店内是有空位,但是里面的气氛太热闹……不,还是这家吧。在这个节骨眼换一家店感觉不过是妥协而已……"

这部漫画描述的是从事业务员工作的男主角,在拜访客户途中碰到吃饭时间,特别是午餐,烦恼该吃什么的故事。如果能像这位男主角一样,在即使是面对午餐吃什么这样的小事上也不断练习,快速做出决定,就能有效锻炼你的判断力。

只不过在练习时，请不要像男主角一样深思太久，进行练习时务必在短时间内果断决定到哪一家店、吃什么。

对于已进入职场的人来说，午餐的影响力不容轻视。上午的工作结束后，若想有效率地为这一天画下句号，下午在工作中冲刺相当重要。

若是上午的工作进展顺利，午餐就是得以延续上午节奏的能量补给来源。若想保持上午的节奏，可以选择能快速解决的餐点。若是上午工作进展不顺，就要想办法转换情绪。此时最好选择含有能让大脑跟身体"醒过来"的有营养、同时又能让自己喘口气的午餐。

在日本，中午休息时间一般以12点～13点居多，所以同样的时间段也会有其他上班族去吃午餐。毕竟是难得的休息时间，大家还是会想好好满足口腹，尽兴吃一顿，让自己开心一点。

当然选择便利商店的三明治也可以，但若条件允许的话，大家还是希望到外面吃。包含餐后咖啡在内，价位压在1000日元以内就不错了，但不管怎么说还是便宜至上，若能压在750日元以内的话就再好不过了。

味美价廉，又是大家口耳相传的店家，不用说肯定人挤人。虽然想在人流较少的时段抵达那家店，但也得考虑工作进度，那么究竟几点出发最好？

一起去吃饭的人数也会对决策有所影响。

如果是自己一个人去的话，就算店内人多也能马上进去，但这样可能会担心被同部门的同事看到后说闲话，并会被他们在背后议论："某某自己一个人吃午餐。"然后就被归类成"孤僻的人"。

两个人以上的话，可能需要与他人拼桌。但如果是跟很多上司一起去吃的话，跟别人拼桌反而会比较轻松。

上述都是在决定要去哪家店、吃些什么之前必须考虑的内容。

"要去哪家店？吃些什么？"简单的问题包含了许多潜在的决策要素。比如跟自己过去所点过的餐点以及菜单上的其他餐点做比较，又或者是在价格与餐点分量间做权衡。

我希望各位能够重视长期以来一直被你所忽略的"午餐选择"，并且把这样的决策方法化为习惯。

日常生活中有无数诸如此类的连锁型决策练习。

吃饭也是创造力的来源之一。

顺带一提，当我在菜单上没有图片的餐厅吃饭时，总是会先具体想象餐点内容后点菜，暗自期待被端出来的菜色究竟如何。有意识地选择店家，同时快速决定点什么菜，只要不断练习，就能加快决策速度，也有助于提升决策能力。

只要持续练习，你就会察觉到自己在外用餐时所看重的是什么，也更能磨炼自己的"判断力"。

在本章之前，我向大家说明了建立判断力的重点，以及培养决策习惯时所必备的决策工具。

但在本章我想说明的是，在日常生活中有哪些练习的诀窍，能帮助你把做判断时所使用的决策工具发挥得淋漓尽致。

这个练习大致可分为以下两项：

1. 提升输入的知识量。
2. 反复进行决策实践，提升输出量。

只要习惯了这两个练习，无论是谁都能提升判断能力，将决策工具的功效发挥至最大。

彻底重读"历史教科书"

未来充满了不确定性,没有人知道会发生什么事。

正是因为不确定性,不安才会如影随形。但是想象未来、预测未来,凭借一己之力分析归纳,并一步步迈向自己所预测的未来,也是一种乐趣。

不过,若只是漫无边际地胡乱预测,是不会有什么成效的。但如果有一些参考指标的话,将能提升预测的正确率。

在预测不确定的未来、做决定之际,最能派上用场的就是"历史的教科书"。许多著名企业家都将历史作为参考书。

若想认识西方文化就读《圣经》。在东方文明中，则有《贞观政要》一书，这本书以其帝王学内容而闻名，被人们广为阅读。

在众多书籍中，我想推荐的是世界史的教科书。想必你应该对山川出版社出版的权威教科书《详说世界史B》（佐藤次高、木村靖二、岸本美绪著）有所耳闻，我高中时用的就是这本教科书，猜想读者当中应该也有人读过。

我非常不擅长世界史，以前就像一台机器一样死背年号，现在想想真的觉得非常可惜。

我会这么说，是因为现代社会诸多问题的根源，都与过去的历史和宗教有关。对于日本人来说，只要将世界史抽丝剥茧，就能理清许多搞不清楚状况的事情。

日本人经常被说成是信仰薄弱的民族，所以面对世界史中的各种事件时可能会质疑："为什么会发生这种事？"并且感到难以理解。但是，在全球化潮流下，不管是学生还是社会人士，如果无法掌握东西方文化的本质，就算英文说得像母语一样流畅，也无法成为真正的国际化人才。

无法成为国际化人才的原因在于，努力想预测世界潮流的未来走向，却困难重重。

第六章 建立"实时判断"的日常生活习惯

举例来说,《贞观政要》一书记录了公元7世纪唐太宗的所言所行,书中提到作为一位领导者所必须拥有的三面镜子。

第一面镜子是铜镜,也就是普通的镜子。如果你成天散发出一种"少靠近我"的气场,上司、同事、部下都会很难跟你搭话,如此一来,就不会有新的信息进来。也就是说,你若想营造信息能够相互流通的环境,就必须意识到这一点,时常照镜子,摆出温和可亲的表情。

第二面镜子是以历史为镜。想要预知未来,让自己做出最适当的决定,必定要借鉴历史,即便在现代也是如此。

第三面镜子是以人为镜,也就是将直言不讳者置于身边。这句话所要告诫的是,务必把敢于讲出逆耳忠言、知晓大局的人放在身边,切莫让自己成为《国王的新衣》中的那位国王。

《贞观政要》这本书很有趣的一点是,里面没有记载贵为一国之君的太宗,在接收大臣谏言后的反驳内容。有可能因写作需要的缘故而省略掉这些部分,但其实他在聆听大臣的谏言时,说不定是满肚子火呢……每次阅读时我总是如此想象,并引以为乐。

唐太宗生于公元6世纪末,距今已有1400余年,但是《贞观政要》中所提到的三面镜子,在为人处事上至今仍有非常大的参考价值。

如果你已经通读过世界史的话,非常推荐你试着将世界史和日本史结合起来阅读,并且比较着看一看。

基督教于公元1545年传入日本,但是耶稣会是偶然从萨摩①登陆的吗?这一点不但要从日本史中抽丝剥茧,从世界史来看,跟马丁·路德所引发的宗教改革似乎也有莫大的关系。历史上重要的分水岭性事件背后必然存在着重大的决策,而这些决策的内容究竟是什么呢?我们常说历史会不断重演,所以如果能够解读出答案,就会获益良多。

重点并不在于把发生的事件死记下来。我希望各位能培养习惯,将以下两点作为思考轴心来解读历史事件:

1. 这件事为什么会发生。
2. 接下来应该怎么处理。

---

① 今日的鹿儿岛县,位于日本九州地区最南端。

只要深入了解历史背景以及一切可能的选择，就能理解为什么最后会是这样的决定。在探讨该决策机制的过程中，你的判断力将会被磨得相当"锐利"。

历史书并非单纯的教科书，更是足以培养出决策与判断力的教材。

养成"将日常生活进行因数分解"的习惯

养成将日常生活大小事进行"因数分解"的习惯也是相当有效的练习。

不过,这里所说的当然不是繁复的因数分解公式。

如果你在一天结束之际,感觉到"今天真是美好的一天",那不妨就试着进行"分解",想想是哪些因素让你有了这种感受。举例来说,可能有以下这些因素:

1. 午餐很美味。
2. 工作得到领导赏识。

重点是在试着想过一轮后,再一次思考是否存在其他因素。再思索一次的话,会发现其实那些因素比想象中要多得多。

1. 早早就完成了工作。
2. 今天大晴天,天空令人感觉很舒服。
3. 广播播放的是自己喜欢的曲子。
4. 在社交网站上看到朋友小孩的照片。

就算是微不足道的小事也无妨。

通过"更进一步的因数分解",会发现原本只有在"今天"才特别感受到的"美好的一天",其实是由众多因素所组成的"美好的一天"。

如果能察觉这点的话,就能更加具体地掌握提升个人状态的小技巧,像是"明天也要尽可能早点完成工作""晴天总是特别有干劲"等。

将问题细分为各种因素的思考模式,对于画树状图以及分析归纳来说是不可或缺的基础能力。而日常生活中不起眼的因素分解,正好是可以用来培养细分思考的简单方法。

不过希望大家谨记，不光要针对好事进行因素分解，更要习惯于针对坏事做因素分解。面对坏事，首先该做的第一件事就是进行因素分解，这样说也不为过。

比如有个业务员，最近面临"业绩下滑"这样切身的问题，那么就试着将这个事实来进行因素分解。

业绩下滑的因素可能有下列几项：

1. 单件商品销售业绩。
2. 单件商品销售的时间成本。
3. 商品本身吸引力下降。
4. 人事支出以及广告支出攀升。

接着，再进一步探讨，会发现可以将"时间"这项因素再细分。

1. 拜访客户的时间。
2. 待在办公室的时间。
3. 交通时间。

画树状图时，确立根部层级以及归纳子部层级其实是同一件事。进行因素分解后发现，待在办公室的时间出乎意料地长。再进一步分解，会发现是因为会议时间的延长、会议资料的准备以及数据分析等因素拖延了时间。

如果想将拜访客户的时间维持不变的话，就必须缩减待在办公室的时间。

因此，具体来说，可以采用站着开会的方法来缩减会议时间，这样你会明确应该做出哪些决定。

进行因素分解的习惯可让选择更加明确，提升工作效率，同时有助于你做出"实时判断"。因此，希望各位明白，如果碰到"原因"和"结果"都很明确的坏事时，当务之急就是进行因素分解。

单独前往人生地不熟的地方旅行

如果前往一个与一般日本人的常识与观念都有差异的地方，迎接你的将是比平时多出好几倍的"连续实时判断"。

特别是"独自旅行"时，没有其他人能依靠，加上时间有限，更是需要快速判断。但毋庸置疑，正是这种一连串的"实时判断"最能帮助你成长。

特别是从权衡取舍的角度来看，你的决策力会大幅提升。

当然，随着旅行地的不同情况多少会有出入，但是旅人多半经常得在旅行地点、行李以及住宿酒店方面进行权衡取舍。我最推荐的是去与日本有文化差异的国外旅行，当然，一个人在日本国内旅行也可以。

我完全没有否定团体旅行的意思，单纯只是就提升"判断能力"的观点来讨论而已。

    1. 要今天前往下一个城市还是明天？
    2. 要乘坐这趟电车还是下一趟？
    3. 被素昧平生的陌生人搭讪吃饭，是要选择相信他是好人一起去呢，还是拒绝？

光是这三个判断，只要稍有不同，你的旅程就会发生变化，也会遇见完全不一样的人。因此，相较于跟熟识的朋友去夏威夷玩，就进行决策的观点来看，绝对是独自旅行更能帮助你成长。

如果是团体旅行的话，在决策面上的学习和成长必然会比较少。理由如下：

    1. 责任分散，产生团体依赖心理，觉得只要跟着大家一起行动就没问题，认定问题一定会有人处理。

  2. 无法随心所欲，会观察揣测其他人的想法。

  3. 因为孤独的关系，独自旅行能有较深层的感受，但是团体旅行的话就不容易。

  旅行被认为是人生的缩影，尤其独自旅行时能给予你一把"量尺"，让你看清楚自己作为一个人的能力（尤其是你的渺小）以及人生的本质。

  除了提升决策力外，遇到人生关卡、觉得成长停滞、想为生活带来变化时，我都非常建议独自一人去旅行。

  日本是由单一民族组成、四面环海的岛国，相对来说很多事都是顺从既有的做法。

  在日本还处于经济快速成长期时，确实只要掌握了日本国内的脉动即可，但是在实体经济萎靡的情况下，做生意的人很难不踏出日本国土。与外国人的交易往来增加，做决策的情况也会更多。

  难得有机会一个人旅行的话，就请尽量多看看世界，借此提升自己视野的广度以及判断的速度。

让身旁的人认为你是货真价实的"信息站"

拥有越多信息,就等于拥有越多可帮助你做出决策的素材,也越能让你依据这些信息做出更正确的判断。

碰到复杂的博弈论问题时,必须预测对方如何出招再做判断。正是因为必须与看不见的对手过招,这就导致信息的有无显得举足轻重。因此,建立起随时收集信息的习惯相当重要。

话虽如此,但我想应该有许多人不知道该如何收集信息。

最简单的方法就是让自己成为"信息站"。

我高中时期参加了棒球社。金光八尾高中的棒球社虽

即断力

然很弱,但依旧梦想着可以打进甲子园。直到今天,我还是觉得奋力燃烧热情的高中棒球时光很美好,也经常收看春夏之际在电视上转播的甲子园赛。

高中棒球队里有那么一句名言:"替换选手后,球就飞向刚上场的选手。"在守备过程中确定替换的选手后,击出的球必然飞向上场替补的选手,实际上这种情况我也亲身经历过好几次。我甚至觉得这句话已经变成赛事解说员的固定台词。

据观察,"球飞向刚上场的选手"或许不是很常见的现象,但总给人这样的错觉。对于要上场替补的选手来说,虽然是中途替换,却是迈向甲子园路上千载难逢的机会,自然会强烈希望可以碰到球。或许就是这种强烈的意念把球给召唤来的吧。

这样的情况不仅限于棒球,"信息"也是一样。

信息会聚集在渴求信息者的身边。因此,让自己随时散发出渴求信息的电波非常重要。

你的一些小举动、每天是否会好好看新闻等状况,上司和前辈其实都默默地看在眼里。有一句话说,工作的回报就是工作。从微不足道的工作开始做起,获得公司的信赖后，才有可能接手重大而且成就感高的工作。

要说指派工作的上司或前辈，究竟是凭借什么样的基准来判定该指派谁做些什么，其实经常是"凭感觉"。

只是这所谓的凭感觉并非"谁都可以"。此时关键就在于他们平时是否习惯收集信息，来帮助自己做出最适当的判断。

工作上担任要职的人随时都在收集信息，他们也自然而然会信任跟自己一样的人。此外，只要让别人知道你也在收集信息，真正消息灵通的人就会跟你打交道，你就能自然而然地接收、更新信息。

营造出这样的环境能带来莫大的好处。

我想传达的重点不在于必须为了获得工作任务而去汲汲营营收集信息——就算只是"假装"自己在收集信息也没关系，总之要展现出这样的态度，这么一来任务就会分配到你身上，信息也会流向你。

因此，希望各位从平时就要懂得表现自己，让人觉得你是"收集信息的重要人物"，或是个"信息站"。

针对真正有价值的信息做"有偿投资"

如果你多少建立起了收集信息的习惯，或已经习惯于收集信息的话，可以试着挑战更进阶的习惯。

那就是对信息做"有偿投资"。

现代社会中，网络已经普及到不可或缺的程度，我们可以通过手机阅览免费新闻。身处这样的时代，花钱订阅报纸这项行为在某些人眼中或许相当没效率，但这其实是相当重要的一件事。

就实时性以及搜寻方便性来说，网络上的信息确实较佳；但是就内容广泛度以及社会联结度来说，还是报纸胜出。网络确实是绝佳的工具，有助于我们掌握实时消息，也可以快速搜寻自己感兴趣的话题，但若想要了解社会整体动态或是社会上普遍的话题，就不是那么适用了。

特别是社会联结度这一点，它能帮助我们归纳并确认事物的"周边信息"，对于决策与判断来说相当重要。光是让自己具有高度的社会联结度，就能提升决策的精准度，也能加快"实时判断"的速度。

从人生长远角度来看，就算花钱也要养成习惯来获取周边信息的人，绝对是比较受欢迎的。反之，单凭网络作为信息的来源，所能获得的信息不管是质还是量都低，绝对无法提升决策的精准度。

只要一次就好，衷心希望大家试着下定决心花钱来获得"信息"。如此一来，你将察觉到你所获得的东西有多么珍贵。

想在工作上有持续良好的表现，很重要的一点，就是必须认识到真正有价值的东西是需要花钱买的。是否要投资信息这种看不见、摸不着的东西？时时刻刻对此进行"判断"，能更进一步培养你的判断力。

由于在信息的收集上稍有松懈，结果遭受致命性的打击，这样的例子在我们的生活中层出不穷。如果想要规避这样的风险，就要养成投资优质信息来源这个重要的习惯。

在众多信息来源中，报纸可以说是成本低廉，却能让你触及众多信息的优质媒体。

成为他人眼中的"指挥"

最后请再允许我谈论一次烤肉的话题。我经常去吃烤肉，从吃烤肉这件事上我学到了许多宝贵的事情——将肉放在烤网上烤。

虽然这是简单机械的行为，但如今的烤肉其实背后大有学问。

过去我只是单纯觉得烤肉好吃，而这 10 年来烤肉业可以说是在飞速地发展，肉品的部位不断细分，种类越来越多。也因为部位的细分，向来位居招牌霸主地位的五花肉，便从部分店家的菜单上消失，改名为里腹肉（カイノミ）或是厚切五花肉（ササミ）。

在此之前，五花肉是肋骨周边肉类的总称，店家会配好油花多和油花少的肉出餐。

但是照理来说，油花多跟油花少的肉要烤得好吃，烤法其实并不相同，不该相提并论才是。想吃美味的烤肉，烤法是关键，这也是我在全书开头所提到的决策。

必须考虑烹调时机以及料理分配的决策不只限于烤肉，吃火锅或中餐也是如此。

不要畏惧烤肉重责，请身先士卒担任烤肉总指挥；不要嫌帮大家分菜麻烦，请主动扛下火锅总指挥的责任。希望大家务必要成为他人眼中的"指挥"。

当上指挥后，别人就会向你致谢。接受了感谢，又再接着主动承担指挥要职，就能磨炼自己的决策力。

决策能为你带来自信，日常生活中许多微不足道的场合都有我们的用武之地。

而那一个又一个场合，都是通往能让我们的人生日渐美好的决策。

过去你或许总是无法实时做判断，所做的判断，或许也总是无法带来明显的成效。

但是，只要掌握了决策工具，一步步养成可以帮助你做出"实时判断"的习惯，就能让自己脱胎换骨。

若想实现梦想中的人生，由衷希望大家务必"实时判断"，将本书提到的内容付诸实践。

结 语

你的工作和生活是否都过得相当忙碌呢？

我除了是上班族之外还是一名作家，一有空闲时间就会出国旅行，每周必定吃一次烤肉，拜此所赐，我的生活相当忙碌。但是，我并不会因此抱怨自己"很忙"。真正忙碌的人，在旁人眼中看起来就是很忙，所以无需刻意把"忙碌"挂在嘴上。

因此，当有人问你："最近好吗？"如果你回了"很忙"，那么对方就会心想："啊，果然没错。他很忙碌呢。"然后对话就此画上句点。说不定对方是想邀约你，但是他在开口邀约前就已经被你给拒绝了。

结语

每当有人问我："最近好吗？"我总是会尽可能回答："最近很闲。"人是一种很有趣的生物，嘴上说"闲"的话，邀约就会接二连三地来。

"他看起来虽然很忙，没想到总能挤出时间。那就找他一起去吧！"

这样的话，别人就会经常找你出去。

"最近很闲"这样的回答不难，还请务必试试看。

如果有人来邀约的话，你就有机会去不一样的地方，做判断的机会也会随之增加。顺带一提，包括一般小事在内，据说一位上班族平均每天会做 70 次判断。但因为我们无法掌握局势变化，所以请试着在意识到即将出现风险的情况下，快速做出判断。

在当下这个时代，未来不是拿来预测的，而是凭借个人意念所创造的。在过去，人们重视培养自己的"客观能力"，以为"客观"地看问题有助于正确的判断，但是今后的关键在于培养"主观能力"，因为"主观能力"是从改变自己做起。

"主观能力"可以借由提升每次判断的质量来培养。在阅读本书后，若你能理解以四种"决策工具"为基础的判断方法，下一步就是去创造实践的机会。

将判断纳入生活习惯，人生就会发生截然不同的变化。这听起来可能有些夸大其辞，但判断力可能是帮助你成为理想中的自己的唯一手段。

无法做出"带来实质成效的判断"，这样的人正日益增加——这或许是近几年来日本的实体经济始终低迷的原因之一。也因为世道如此，若能建立"实时判断"的能力，就必定能为面对不确定未来的自己带来更进一步的成长。成长意味着不停地变化，衷心期盼已经认识到"实时判断"重要性的你，生活一定会发生美好的变化。

2015 年 5 月　小关尚纪